Axel Lohrer

Entwurfselement Wasser

Axel Lohrer

Entwurfselement Wasser

BIRKHÄUSER
BASEL

Inhalt

VORWORT _7

EINLEITUNG _9

DER LAUF DES WASSERS – VORBILDER UND BEISPIELE _11
Entspringendes Wasser _11
Fließendes Wasser _13
Stehendes Wasser _14
Verschwindendes Wasser _17
Ergänzende Aspekte _18

ENTWURFSANSÄTZE _21
Inszenierung von Wasser _21
Besonderheit des Ortes _24
Funktionen _26
Symbolik _29
Sinnliche Erfahrbarkeit _30

TECHNISCHER RAHMEN _35
Inszenierbares Wasser _35
Abdichtungen und Fassungen _37
Randgestaltung _48
Wasserzu- und Wasserabfluss _51
Bewegungen _54
Pumpen und Technik _58
Beleuchtung _59
Pflanzen _60
Wasserqualität _62
Sicherheit _64
Winterschutz _65
Wirtschaftlichkeit _66

SCHLUSSWORT _69

ANHANG _70
Normen und Richtlinien _70
Wasserpflanzen _73
Literatur _76
Bildnachweis _78
Der Autor _79

Vorwort

Wir reisen weit, um die Naturwunder der Niagarafälle anzusehen oder die großartigen Wasserspiele bei Tivoli zu bewundern. Wir verfolgen Bachläufe bis zur Quelle und kühlen unsere Arme nach einer Wanderung in einem Holzbrunnen in den Bergen. Es gibt viele Möglichkeiten, das Spektrum Wasser zu erleben und zu erfahren. In der Gestaltung lässt es naturnahe Elemente wie auch künstliche und künstlerisch ausgeprägte Wasserlandschaften in vielfältiger Weise zu.

Beschäftigen wir uns näher mit gestalteten Wasseranlagen, stellen wir fest, dass häufig sie es sind, die einem Ort das besondere Flair geben, kulturelle Bedeutung widerspiegeln, repräsentativen Charakter verleihen oder ihn auch nur als lebendiges Spielelement beleben.

Die Gestaltung mit Wasser in Freiräumen stellt besondere Herausforderungen an den Raum, die Nutzung, die Gestaltfindung und die technische Durchführung. Als Planer schauen wir bewusster als andere auf die Differenzierung im Umgang mit dem Wasser. Ideen und Gestaltlösungen sind manchmal schnell in ein Konzept eingebunden. Doch in der konkreten Planung, der Formgebung, in den Proportionen zum Raum, der Wahl der Materialien, der Belastbarkeit und Dauerhaftigkeit sind rasch die Grenzen der Kenntnisse erreicht.

Dies ist Anlass genug, die Buchreihe „Basics" im Themenbereich Landschaftsarchitektur mit dieser Thematik zu beginnen. Ziel dieser Reihe ist es, vor allem den Studierenden der Planungsdisziplinen in den ersten Semestern die Landschaftsarchitektur auf einfache und verständliche Weise nahezubringen, Grundlagen aufzuzeigen und Lust auf mehr zu wecken.

Der Autor dieses Bandes führt den Leser durch die ganze Vielfalt des Themas Wasser und die Gestaltungsmöglichkeiten mit diesem Element. Die Faszination des Wassers als Grundelement zwischen Magie, Entspannung und technischer Herausforderung wird dargestellt, und die bewusste Annäherung an das Erkennen des Ortes, die Gestaltfindung, Formensprache und Materialwahl wird beschrieben. Auch die Erklärung technischer Details im Kapitel „Technische Rahmenbedingungen" wird abgehandelt. Die Kapitel werden mit zahlreichen Bildbeispielen und Piktogrammen begleitet, die Hilfsmittel darstellen, um zu einem eigenen Gestaltungsergebnis zu kommen. Nützliche Tipps und Hinweise zum besseren Verstehen und zur konkreten Anwendung runden das Thema ab. So kann der Entwurf gelingen!

Cornelia Bott, Herausgeberin

Einleitung

Landschaftsarchitektur ist eine reiche Disziplin. Sie schöpft nicht nur aus den Elementen, Strukturen und Formen der Architektur, sondern bedient sich darüber hinaus der fast unerschöpflichen Vielfalt der Natur, deren mystische Kraft die Menschen von jeher fasziniert hat.

Wasser nimmt unter den natürlichen Elementen eine besondere Stellung ein. Das Verhältnis des Menschen zu ihm ist vielfältig, stets ambivalent und bewegt sich immer zwischen einem Zuviel und einem Zuwenig. Wasser ist Grundlage von Leben. Es zieht uns durch Lebendigkeit, Heilkraft, Licht oder meditative Inspiration in seinen Bann. Wasser birgt aber auch Gefahren, kann Angst erzeugen und etwa bei Trockenheit oder Hochwasser in seinen Auswirkungen sogar lebensbedrohend sein.

Seit jeher bewegt sich die Verwendung des Wassers als Gestaltungselement in diesem Spannungsfeld und spielt dabei mit den Bildern, Erinnerungen oder technischen Möglichkeiten, die mit ihm verbunden werden.

Wasser steht für ungezähmte Natur und damit für ursprüngliche Reinheit, angeborene Freiheit, unberechenbare Kraft und wird sogar als Gegenbild einer gebundenen, technisch geprägten Welt gesehen. Tosende Wasserfälle, kraftvolle Wasserspiele oder undurchdringliche Nebelskulpturen können dies lebhaft zum Ausdruck bringen. _Ungezähmte Natur_

Wasser ist tote Materie und zugleich Symbol des Lebens. Es ist Gegenstand der Mythologie und der Naturphilosophie. In vielen Religionen der Welt nimmt es eine Sonderstellung ein, insbesondere an Orten, wo die Frage des menschlichen Überlebens von der Lösung der Wasserprobleme abhängt. Wasser als magisches und beseeltes Element findet Eingang in viele Sagen, Lieder oder Symbole. Solche Vorstellungen können bei der Gestaltung mit Wasser durch Konzeption oder begleitenden Skulpturenschmuck neu belebt werden. _Magie_

Durch Waschungen und die daraus entstandene Badekultur ist Wasser auch im übertragenen Sinne mit Reinigung verbunden. Dies zeigt sich in vielen religiösen Bauelementen wie dem Taufstein oder den Brunnen vor einer Moschee. Mit kleinen Kneippbecken, naturnahen Schwimmteichen oder prunkvollen Thermalbädern steht es aber auch für unbeschwerte Entspannung, für Spiel und Sport. _Reinigung und Entspannung_

Wasser sichert Reichtum und Macht. Es hat sich jenseits aller gestalterischen Überlegungen zum herrschaftlichen Symbol und Zeichen der Macht entwickelt. Prunkbrunnen am Ende römischer Aquädukte, die große Wasserachse in Versailles oder die gewaltigen Staudammprojekte Chinas sind dafür eindrucksvolle Beispiele. Wasser ist je nach seiner gestalterischen Verwendung repräsentativ und trägt zur Imagebildung bei. _Image und Repräsentation_

Marktbrunnen definieren die Mitte einer Stadt, Einkaufszentren locken mit tanzenden Wasserspielen, und Bürokomplexe signalisieren mit vorgelagerten Wasserkaskaden die Wichtigkeit der in ihnen beherbergten Institutionen.

Technische
Herausforderung Die mit Wasser verbundenen technischen Herausforderungen, zum Beispiel die Grundversorgung, die Schaffung von Transportwegen oder die Abwehr von Gefahren, führten im Laufe der Jahrhunderte zu einem fundierten technologischen Wissen im Umgang mit Wasser, das sich bis heute ständig weiterentwickelt und verfeinert. Abhängig von den lokalen Gegebenheiten entstehen an die Örtlichkeit angepasste technische Hilfsmittel wie Brunnen, Zisternen oder Hochwasserschutzanlagen, die technische Vorbilder für die gestalterische Auseinandersetzung mit Wasser liefern.

Gestalten mit Wasser bewegt sich immer vor einem vielschichtigen Hintergrund. Es kann auf eine umfangreiche Sammlung an Formen, Bewegungen und Techniken zurückgreifen, mit Phänomenen, Mythen und Bildern spielen und dabei der Fantasie und Kreativität viel Freiheit lassen. Entscheidend ist letztendlich das Ergebnis, die Stimmigkeit als architektonisches Element und die Erlebbarkeit der Vielfältigkeit und Faszination des Wassers.

Tab. 1: Beispiele von Wasserelementen

Abschnitt	Freie Elemente	Regelmäßige Elemente
Entspringendes Wasser	Quelle	Brunnen
	Geysir	Fontäne
	Wasserfall	Kaskade
Fließendes Wasser	Fluss	Kanal
	Bach	Graben
	Rinnsal	Rinne
Stehendes Wasser	See	Bassin
	Teich	Becken
	Pfuhl	Trog
	Pfütze	Vogeltränke

Der Lauf des Wassers – Vorbilder und Beispiele

Wasser ist ein beliebtes und besonders vielfältig einsetzbares Entwurfselement. Dies zeigt sich in unzähligen Entwürfen und Realisierungen, die natürliche, landschaftlich geprägte Vorbilder ebenso widerspiegeln wie künstliche, technisch bestimmte Ansätze.

Wasser befindet sich in einem ständigen, naturgegebenen Kreislauf. Dieser Kreislauf und seine Teilabschnitte – das Entspringen, Fließen, Stehen, Verschwinden – helfen dabei, Wasserelemente zur besseren Übersicht typologisch zu ordnen und ihre mögliche Verwendung zu verdeutlichen. > Tab. 1

ENTSPRINGENDES WASSER

Entspringendes Wasser kann auf natürlich anmutende Weise beispielsweise in Form von Quellen, Geysiren, Nebelbrunnen oder Wasserfällen gestalterisch entwickelt werden. Für artifiziellere Ansätze können gefasste Brunnen, Fontänen oder raumgreifende Wasserspiele verwendet werden. > Abb. 1, 2 und 3

Gestaltungsmöglichkeiten liegen dabei insbesondere

— in der Üppigkeit der entspringenden Wassermenge, also im Druck (z. B. ein schwach ausfließendes Rinnsal oder ein kraftvoll aufstrebender Geysir);

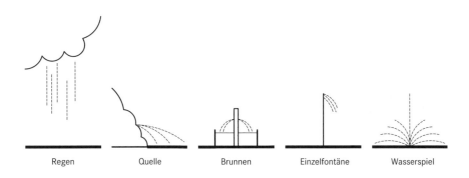

| Regen | Quelle | Brunnen | Einzelfontäne | Wasserspiel |

Abb. 1: Varianten entspringenden Wassers

Abb. 2: Wasser entspringt naturnah gestaltet zwischen Felsblöcken.

Abb. 3: Entspringendes Wasser in Form von bodenbündigen Fontänen

- im Volumen (z. B. ein kleines Quellrohr oder ein üppiger Wasserfall) sowie in Anzahl und Ausrichtung der Quellpunkte (z. B. ein geradliniger Wasserstrahl oder ein raumgreifendes Wasserspiel);
- in der Art und Weise der Gestaltung des Auslasses (z. B. ein kleiner Schlitz zwischen Felsen oder ein kunstvoll geschmiedetes Brunnenrohr) und des direkten Quellumfeldes (z. B. ein von Pflanzen gefasster Quelltopf oder kunstvoll ausgearbeitete Brunnenschalen);
- in der zeitlichen Abfolge (z. B. ein konstantes Fließen oder ein zeitlich, rhythmisch akzentuiertes Erscheinen).

Entspringendes Wasser entwickelt ein oft flüchtiges Bild, das in Gedichten manchmal als kindlich naiv beschrieben wird, es ist jedoch meist eines voller Leichtigkeit, tänzelnder Bewegung, lebendigem Klang und gefühlter Frische.

Elemente mit entspringendem Wasser betonen vorrangig einen Punkt im Raum (z. B. als Marktbrunnen oder Wassertrog am Hauseingang) und entwickeln dabei in der Regel einen besonderen Charakter mit raumgreifender Wirkung, der zur Imagebildung beiträgt.

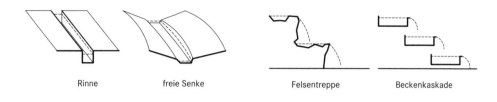

| Rinne | freie Senke | Felsentreppe | Beckenkaskade |

Abb. 4: Linear fließendes Wasser in gerader Rinne und frei schwingender Senke

Abb. 5: Beispiele abgetreppt fließenden Wassers

FLIESSENDES WASSER

Fließendes Wasser bewegt sich im Gefälle in längs gestreckten Mulden oder in einer Abfolge von kaskadenartigen Wasserbecken. Es kann in landschaftlichen Formen, beispielsweise als sanfte Wiesenmulde, als schlängelnder Bach oder wasserumspülte Felsentreppe konzipiert werden. Als künstliche Elemente stehen Rinnen, Kanäle oder Wasserkaskaden zur Verfügung. > Abb. 4 und 5

Die besonderen Gestaltungsmöglichkeiten liegen

- im Umfang der bewegten Wassermenge, also dem Abflussprofil (z. B. Breite oder Höhenlage), und der damit verbundenen Strömungsgeschwindigkeit;
- in der Fließrichtung und ihren Brüchen (z. B. gerade Rinnen, ergänzende Becken oder eingestellte Wehre);
- in der Ausbildung der Ufer, die das Wasser fassen und leiten. > Abb. 6

● **Beispiel:** Bodenbündige Fontänen, die ohne oberirdische Wasserbassins arbeiten und bei Stillstand keine sichtbaren Elemente aufweisen, stellen eine besonders minimalistische Gestaltung entspringenden Wassers dar. Nach diesem Prinzip entwickelten Stauffenegger + Stutz vor dem Bundeshaus in Bern inmitten eines ansonsten leeren Platzes eine raumgreifende Wasserskulptur, bei der je eine Fontäne einen der Schweizer Kantone darstellt und die durch ihre aufstrebende Leichtigkeit und zeitlich versetzt tänzelnde Bewegungen einprägsame Bilder schafft (siehe Abb. 3).

Abb. 6: „Natürliches" Fließgewässer mit feinkörnigem Kiesufer

Abb. 7: Kleine Wasserkanäle durchziehen einen Plattenbelag.

Schmale, von Rasen überdeckte Einfassungen ordnen sich optisch dezent unter und erlauben es, den Blick verstärkt auf die Bewegung des Wassers zu lenken. Breitere Mauern oder grobe Kiesufer (z. B. lose Steinschüttungen oder Gabionen, von Drahtkörben gefasste Steine) treten dagegen optisch deutlicher in Erscheinung, betonen die Kraft des Wassers und entwickeln je nach Gesteinsgröße einen zunehmend rustikalen Charakter.

Fließendes Wasser in Bachläufen oder Kaskaden vermittelt ein Bild voller Lebendigkeit. Mit seiner Bewegung, seinen Brüchen und wechselnden Fließgeschwindigkeiten überrascht es immer wieder aufs Neue und wird so zum ständig wechselnden Blickfang. Rauschend, gurgelnd und plätschernd sorgt es für einen angenehmen hellen oder zurückhaltenden Klang.

Fließendes Wasser erlaubt es vor allem, lineare Elemente (z. B. Wasserrinnen) zu entwickeln, über Distanzen Verbindungen zu schaffen (z. B. Kanäle oder Bachläufe > Abb. 7 und 8 oder die Topografie herauszuarbeiten (z. B. Wasserfälle und Kaskaden).

STEHENDES WASSER

Stehendes Wasser erfordert waagrecht liegende, abflussfreie Senken oder Hohlkörper. Diese können frei geschwungen, beispielsweise in Form von flachen Pfützen, Teichen oder Seen, oder eher geometrisch-architektonisch in Form von Schalen, Becken oder Bassins entwickelt werden. > Abb. 10

Abb. 8: Ein Wasserkanal als eine Abfolge von abgetreppten Becken

Abb. 9: Landschaftspark mit längsgestrecktem buchtenreichem Gewässer

Gestaltungsmöglichkeiten liegen unter anderem

— in der Ausbildung der Ränder (z. B. belagsbündige Übergänge oder einladende Sitzstufen);
— im Spiel mit begleitender Vegetation (z. B. völlig frei, mit rahmendem Röhricht oder treibenden Seerosen);
— im Umgang mit Licht und dessen Reflexion.

Stehendes Wasser kann einerseits als Himmelsspiegel wirken, der Licht einfängt und glitzernd und funkelnd reflektiert. Andererseits kann es Licht absorbieren und so als ein Gewässer mit besonderer Tiefe erscheinen. > Kap. Entwurfsansätze, Sinnliche Erfahrbarkeit

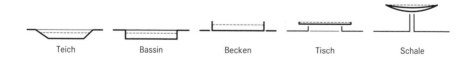

Teich   Bassin   Becken   Tisch   Schale

Abb. 10: Beispiele der Fassung und Höhenlage von stehendem Wasser

Abb. 11: Geometrisches Bassin von Hecken gerahmt **Abb. 12: Wasserspiegel mit bewusst fehlender Mitte**

Stehendes Wasser vermittelt ein Bild innerer Ruhe und kraftvoller Stille. Es hat die Fähigkeit, Betrachter in seinen Bann zu ziehen, seine Ruhe auf diese zu übertragen und zur Meditation anzuregen.

Durch Bewegung auf der Wasseroberfläche, durch Wind oder Nutzung, entstehen zurückhaltende, pulsierende Klänge und rhythmisches Schlagen durch Wellenschlag am Rand und bei Einbauten.

Stehendes Wasser kann innerhalb eines Raumes markant die Mitte besetzen (z. B. ein zentrales Spiegelbecken innerhalb eines Parterres), Ränder verdeutlichen (z. B. der Wassergraben eines Wasserschlosses) oder Wegebeziehungen subtil lenken (z. B. ein See zur Orientierung und als Drehpunkt des Besucherweges innerhalb eines Parks). > Kap. Entwurfsansätze, Funktionen Konzepte mit stehendem Wasser sind in der Regel flächenintensiver als solche mit den bisher genannten Elementen.

● **Beispiel:** Im Landschaftspark Basedow arbeitet Peter Joseph Lenné in der Mitte einer Sichtachse mit geringfügigen Aufweitungen in den Uferlinien eines an sich kleinen Gewässers. Durch begleitende Wiesen und Bäume wird der Gesamtblick immer wieder verdeckt, die Wasserfläche erscheint größer und überrascht bei unterschiedlichen Blickrichtungen mit neuen Formen und Tiefen (siehe Abb. 10).

● **Beispiel:** Im Park von Vaux-le-Vicomte platziert Le Nôtre ein frei stehendes Wasserbecken inmitten einer von Hecken umrahmten Lichtung. In dieser formalen Reduzierung fällt das Licht- und Schattenspiel der Baumkronen, das wechselhafte Kräuseln der Wasseroberfläche und damit der Kontrast zwischen bewusster Setzung und umgebender Natur besonders ins Auge (siehe Abb. 11).

Abb. 13: Erkennbar „fehlendes" Wasser einer Trocken-
rinne

VERSCHWINDENDES WASSER

Verschwindendes Wasser inszeniert den letzten Abschnitt des Was-
serkreislaufes. Wasser kann beispielsweise über Abläufe verschwinden,
auf undurchlässigen Flächen durch Wind und Sonne verdunsten, in durchlässigen Böden versickern oder in Form von versprühten Nebelwolken
verdampfen.

Gestaltungsmöglichkeiten liegen vorrangig

— in der Durcharbeitung des Ablaufs (z. B. Schmuckroste oder klang-
   verstärkende Wasserschütten); > Kap. Technischer Rahmen, Wasserzu- und
   Wasserabfluss

— im Spiel mit Zeit und Geschwindigkeit (z. B. flüchtige Wasserlinsen
   auf Asphalt oder verzögert versickerndes Wasser über einem Sand-
   filter);

— im Zufälligen und Flüchtigen (z. B. Nebelbrunnen oder Verdunstun-
   gen). > Kap. Technischer Rahmen, Bewegungen

Konzepte, die mit verdampfendem Wasser spielen, entwickeln einen
ganz besonderen Reiz. Sie umspielen exotische Pflanzen mit wandern-
den Nebelschwaden, bilden flüchtige Labyrinthe, hüllen Ausstellungs-
räume in temporär undurchdringliches Weiß oder erschaffen begehbare
Wolken, die über Seen schweben. Die so entstehenden Arbeiten sind un-
gewöhnlich und faszinieren durch bekannte Phänomene in neuem Kontext und neuer Dimension.

Arbeiten mit verschwindendem Wasser sind eher selten anzutreffen.
Sie sind meist fragil, wechseln schnell Form und Ausdehnung, sind sel-

Abb. 14: Geharkter Kies symbolisiert Wasser und
Wellen

ten im Verhalten vorhersehbar, oft nur Experiment und deshalb kaum im
öffentlichen Raum anwendbar. Doch gerade darin und in dem
melancholischen Moment des Verschwindens liegt ein besonderer Reiz,
● den es zu entdecken und zu gestalten gilt.

ERGÄNZENDE ASPEKTE

Das Element Wasser kann nicht nur mit Hilfe der vier beschriebenen
Teilabschnitte seines Kreislaufes, sondern auch in Kombinationen von ihnen (z. B. als herausgearbeitete Quelle, die in einen Bachlauf übergeht) oder
unter Einbezug ganz spezieller Aspekte gestalterisch verwendet werden.

Abwesendes Wasser — Die Abwesenheit von Wasser ist dafür ein Beispiel. Es kann einerseits durch deutlich erkennbares „Fehlen" etwa von Strukturen und Materialien, die in enger Verbindung mit tatsächlich vorhandenem Wasser
stehen (z. B. Steinsetzungen oder ein trocken gefallenes Bachbett > Abb. 13),
dargestellt werden. Andererseits kann es aber auch durch natürliche Ele-

> ● **Beispiel:** In der Steinberger Gasse in Winterthur
> arbeiteten die Künstler Thomas Schneider-Hoppe und
> Donald Judd mit einer Reihe von einfachen, kreisförmi-
> gen Brunnenbecken. Sie spielen auf reduzierte und
> besonders präzise Art mit quellendem und verschwin-
> dendem Wasser und überraschen dabei mit einem Was-
> serspiegel, dem die Mitte fehlt (siehe Abb. 12).

Abb. 15: Temporäre Eislaufbahn auf einem Spiegelbecken inmitten einer postindustriellen Landschaft

mente (z. B. geharkte Kiesflächen > Abb. 14 oder wogende Gräserfelder) oder durch abstrakte Ansätze (z. B. glitzernde Solarpaneele oder schwarze Asphaltseen) symbolisiert werden.

Abwesendes Wasser kann reizvoll lesbare Bilder entwickeln, die meist von einer nachdenklichen Haltung gekennzeichnet sind und die Stille wie meditative Ruhe ausstrahlen.

Die verstärkte Auseinandersetzung mit abwesendem Wasser empfiehlt sich bei der Gestaltung von Anlagen, die längere Stillstandzeiten aufweisen werden (z. B. durch eingeschränkte Betriebszeiten oder witterungsabhängig bei Entleerung im Winter) sowie als Alternative zu Wasser, wenn dieses aufgrund von Sicherheitsaspekten oder eingeschränkten Unterhaltsmöglichkeiten nicht verwendbar ist.

Bleiben Anlagen während der Frostperiode in Betrieb, kann der reizvolle Winteraspekt des Wassers in den Entwurf mit einfließen. So kann sich Raureif weiß-pelzig auf Stauden oder Gehölze legen oder Schnee die

Winteraspekt

● **Beispiel:** In der japanischen Gartenkunst finden sich schöne Beispiele von Steingärten, in denen durch wohlproportionierte Felssetzungen („Inseln und Ufer"), beschnittene Baum- und Strauchskulpturen („Wälder und Solitäre"), wellenförmig geharkte Kiesflächen („Wasserflächen und Brandung") und von der Natur inspirierte Wasserlandschaften mit Inseln, Buchten und Brandung ohne Wasser reduziert, idealisiert und oft auf kleinstem Raum dargestellt werden (siehe Abb. 14).

Struktur eines Elementes nur noch abstrakt erkennbar werden lassen. An Wasserfällen oder Kaskaden entsteht Eis in bizarren Formen und Bildern. Eine glatte, ebene Eisfläche wie die von Spiegelbecken oder Teichen kann für Wintersport genutzt werden (z. B. Schlittschuhlaufen oder Eisstockschießen).

Auch wenn es sich nur um ergänzende Aspekte und Nutzungsmöglichkeiten handelt, sollten diese je nach örtlichem Klima bei längeren Wintern gestalterisch bedacht und aufgrund der besonderen Kräfte des gefrorenen Wassers beim Entwurf auch technisch angemessen berücksichtigt werden. > Kap. Technischer Rahmen, Winterschutz   ●

● **Beispiel:** Im Landschaftspark Zeche Zollverein in Essen wurde innerhalb robuster, ehemalig industriell genutzter Strukturen ein ca. 12 m breiter, bandartiger Wasserspiegel realisiert. Während der kalten Jahreszeit verwandelt er sich, unterstützt durch seitlich aufgestellte Kühlaggregate, in eine beliebte Eislauffläche (siehe Abb. 15).

Entwurfsansätze

Entwerfen mit Wasser ist sehr individuell und wird durch eine Vielzahl von Faktoren beeinflusst. Diese betreffen unter anderem den spezifischen Umgang mit dem Element Wasser, den spezifischen Ort und seine Rolle als architektonisch wirksames Element im Raum, die Funktionen, die mit dem Element Wasser erfüllt werden sollen, sowie die Möglichkeiten der sinnlichen Wahrnehmung und die Symbolkraft, die mit der Verwendung des Wassers zum Ausdruck kommen soll.

INSZENIERUNG VON WASSER

Die Gestaltung mit Wasser an sich beschäftigt sich mit der dem Wasser eigenen Dynamik, der Bezugsebene zwischen dem inszenierten Element und dem Betrachter, der zeitlichen Erfahrbarkeit von Wasser oder mit der formalen Behandlung des fassenden Rahmens (z. B. Ufer oder Beckenrand).

Die immanente Dynamik, die Bewegungsart und -richtung des Wassers prägen die Gestaltung im Detail. Vor dem Hintergrund der beschriebenen Typologie der Gestaltung mit Wasser und dem jeweiligen Ort gilt es abzuwägen und sich zwischen stehendem, fließendem, fallendem und aufstrebendem Wasser zu entscheiden. Der Entwurf sollte darüber hinaus die Lebendigkeit der Wassermenge, deren räumliche Verteilung und Strömungsgeschwindigkeit angemessen herausarbeiten. _Dynamik_

Die Bezugsebene, die Lage eines Elementes im Verhältnis zur Augenhöhe seines Betrachters, bestimmt die Erfahrbarkeit und somit die _Bezugsebenen_

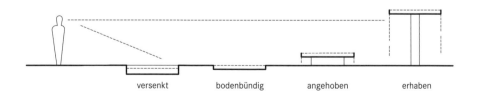

versenkt   bodenbündig   angehoben   erhaben

Abb. 16: Augenhöhe und unterschiedlichen Bezugsebenen des erlebbaren Wassers

Abb. 17: Augenhöhe und unterschiedlichen Bezugsebenen des erlebbaren Wassers

Gesamtwirkung des gewählten Ansatzes. Eine tief liegende Ebene erlaubt eine gute Gesamtübersicht. Leicht angehoben, in Kniehöhe, wird die haptische Erfahrbarkeit gefördert. Erhabene Positionen erzielen eine markante Fernwirkung. > Abb. 16

Vertieft liegende und somit gut überschaubare Wasserflächen können für landschaftliche Gestaltungen verwendet werden, bei denen eine bewegte Uferführung perspektivisch viel von der Wasseroberfläche verdecken soll. Sie sind auch für Konzepte geeignet, die mit deutlichen Schwankungen des Wasserstandes arbeiten (z. B. Speicherbecken). Eingesenkt liegende Wasserflächen besitzen eine ausgeprägte Randzone, die bei kleineren Wasserflächen unter Umständen proportional zu mächtig erscheint oder die eine ertastbare Erfahrbarkeit des Wassers behindern kann.

Mit einer belagsbündigen Anordnung des Wasserspiegels kann dieser Eindruck vermieden, und dezente Übergänge können ausgebildet werden. Dies erfordert eine präzise Durcharbeitung der Randzone und einen weitgehenden Verzicht auf Wasserschwankungen.

Angehobene Elemente, wie Becken oder Schalen, präsentieren das Wasser bevorzugt bequem greifbar in Höhen zwischen ca. 0,40 und 1,20 m > Abb. 17 oder eindrucksvoll über der Augenhöhe (über ca. 1,60 m). Eine erhöht liegende Wasserfläche wirkt durch den flacheren Blickwinkel und die damit verbundene perspektivische Verzerrung kleiner als bei tiefer gelegenen Anordnungen. Angehobene Elemente stellen die seitliche Ansicht und je nach Höhe auch die Untersicht der Fassung frei. Sie

Abb. 18: Installation mit temporär auftretendem „Regen"

Abb. 19: Eingestellte bauliche Brechungen mit kalligrafischer Wirkung

erfordern die erweiterte gestalterische Auseinandersetzung etwa mit ihrer formalen Ausbildung, mit Material, Ornamentik oder Art und Umfang des überfließenden Wassers.

Bei Verwendung von aufstrebendem Wasser, etwa von Fontänen, können die jeweiligen Aspekte durch erweiterte Fernwirkung und damit durch bessere visuelle Erfahrbarkeit betont werden.

Die Bezugsebenen können in zeitlicher Abfolge statisch konzipiert sein – etwa bei Seen mit stehendem Wasser. Bewegtes Wasser bietet die Chance, weitere Wahrnehmungsebenen und temporäre Aspekte zu entwickeln und zu inszenieren. Durch räumliche Verteilung, Intensität oder temporäres Erscheinen des Wassers > Abb. 18 können wechselnde, flüchtige Bilder entwickelt werden. > Kap. Technischer Rahmen, Bewegungen

Zeitliche Erfahrbarkeit

Die Wahl zwischen naturnaher oder artifizieller Fassung ist eng mit der Betonung des gestalterischen Schwerpunktes verknüpft. Dieser kann einerseits, wie bei einem Wasserspiegel oder einem frei stehenden Fontänenblock, beim Element Wasser mit seinem Licht, seiner Bewegung oder Tiefe liegen. Er kann sich andererseits aber auch stärker aus dem begleitenden Rahmen, dem Kontrast und Dialog zwischen Wasser und Bauelementen entwickeln.

Fassung

Wasser kann mit Ausnahme von Nebelbrunnen nur zusammen mit einem fassenden Rahmen entwickelt werden (z. B. einem tragenden Wassertisch, einem sammelnden Becken oder unscheinbaren Schlitzrinnen). Durch seine Ausformulierung trägt er wesentlich zum Charakter eines Objektes bei. > Kap. Technischer Rahmen, Randgestaltung Beispiele sind in die Wasserfläche eingestellte Elemente und Strukturen, > Abb. 19 ornamental geschmückte Brunnenbecken oder begleitender figürlicher Schmuck. > Abb. 20

Abb. 20: Figürlich gerahmter Brunnen

Abb. 21: Ehemalige Klärbecken inmitten einer neuen Parklandschaft

BESONDERHEIT DES ORTES

Gestaltetes Wasser ist stets als architektonisches Element zu verstehen, das nicht frei, sondern innerhalb eines dichten räumlichen und inhaltlichen Beziehungsgeflechtes steht. Der Ort bestimmt wesentlich die Wirkung eines Gestaltungselementes – wie unterschiedlich erscheint ein- und derselbe Brunnentrog an jeweils anderen Orten – inmitten eines steinernen Platzes, eines von Mauern umschlossenen Hofes, eines dichten Staudengartens oder einer offenen, weiten Landschaft. Der Ort ist mit seiner individuellen Besonderheit, seinen übergeordneten Beziehungen, historischen Schichten und seinem räumlich-formalen Kontext maßgebend für die schlüssige Konzeption und gestalterische Durcharbeitung eines Elementes.

Besonderheit des Ortes In diesem scheinbaren Zwang liegt jedoch auch das gestalterische Potenzial. Bei ausreichenden finanziellen Ressourcen ist technisch fast alles machbar, und der Fantasie sind kaum Grenzen gesetzt – eine Freiheit, die auch die Gefahr der Beliebigkeit und Austauschbarkeit in sich birgt. Es ist auf der Suche nach unverwechselbaren Entwürfen nicht nur wirtschaftlich, sondern auch gestalterisch sinnvoll, sich intensiv mit dem jeweiligen Ort und dessen Potenzialen auseinanderzusetzen und daraus individuelle Bilder und nachhaltige technische Lösungen zu entwickeln.

Übergeordneter Kontext Städtebauliche Strukturen stellen wichtige Anknüpfungspunkte dar. Wesentliche Wegebeziehungen oder angrenzende bauliche Nutzungen können die Lage eines Elements vorbestimmen. Übergeordnete Vorgaben, beispielsweise durch das Regenwassermanagement oder durch gestalterische Rahmenpläne, beeinflussen die formale Antwort schon in der Konzeptfindung.

Historische Schichten Einen weiteren Anknüpfungspunkt stellen Strukturen früherer Nutzungen dar, die sichtbaren Zeichen eines spezifischen Gedächtnisses des

Abb. 22: Raumgreifender Wasserkrater mit emporstrebendem Geysir

Abb. 23: Ein Wasserspiegel unterstreicht die besinnlich-meditative Anmut des Ortes.

Topos. Sie erlauben nicht nur eine betont individuelle Formfindung, sondern erschließen zudem im Sinne einer „Spurensuche" eine weitere erzählerische Erfahrungsebene. Verschüttete Brunnen oder Kanäle können wiederbelebt, verrohrte Bachläufe geöffnet, oder historische Relikte, beispielsweise einer vergangenen industriellen Nutzung, können in neuem Kontext in die Konzeptfindung eingebunden werden. > Abb. 21

Räumlich-formaler Kontext

Die räumliche Situation des jeweiligen Ortes stellt durch die bauliche Struktur oder die rahmende Vegetation den Maßstab für die architektonische Haltung und Formfindung dar – bis ins Detail. Wasserelemente bilden, wie beispielsweise in Bad Oeynhausen, > Abb. 22 in kraftvoller und raumgreifender Setzung einen wiedererkennbaren Ort inmitten einer bis dahin leeren, ausgeräumten Situation. Sie können in Haltung und Anmut die Sprache der umgebenden Architektur aufgreifen und betonen > Abb. 23 oder mit einer eigenständigen Antwort in einen Dialog treten. > Abb. 24

Die formale Haltung zwischen einer eher landschaftlichen, naturnahen oder einer architektonischen, artifiziellen Sprache wird durch den Kontext beeinflusst. Eine große, weitläufige Situation verträgt eine landschaftliche Antwort. Deutlich gefasste Räume, wie Innenhöfe oder

● **Beispiel:** Im Landschaftspark Duisburg Nord von Latz und Partner wurden die ehemaligen Klärbecken eines früheren Stahlwerkes gereinigt. Sie bilden heute, mit Wasser gefüllt und von blühendem Röhricht gefasst, einen markanten Blickfang im Gelände (siehe Abb. 21). Im nahe liegenden ehemaligen Gasometer entstand Europas größtes künstliches Tauchsportzentrum mit einer neu geschaffenen künstlichen Unterwasserwelt.

Abb. 24: Benetzter monolithischer Steinblock im gebauten Kontext

räumlich beengte Situationen, lassen sich gestalterisch leichter mit einer architektonischen Formensprache und durch Abstraktion bewältigen. ● ○

FUNKTIONEN

Durch geschickte Kombinationen und Anordnungen können in einem Entwurf auch funktionelle Anforderungen und spezielle Ziele abgedeckt werden. Neben den vielfältigen Aspekten der Wasserver- und -entsorgung sind beispielsweise Spiel- und Freizeitnutzung oder Besucherführung zu nennen.

Trinkwasser

Die originäre Verwendung von Brunnen besteht in der Versorgung mit Trinkwasser. Durch den flächendeckenden Ausbau des Trinkwassernetzes bis in die einzelnen Wohnungen hinein haben öffentlich zugängliche Brunnen meist ihre ursprüngliche Bedeutung für die Wasserversorgung verloren und dienen heute nur noch, zum Teil mit Brauchwasser betrieben, rein dekorativen Zwecken. Speziell ausgewiesene Trinkbrunnen, oft in Form anspruchsvoll gestalteter Brunnenstehlen, erfüllen weiterhin die ursprüngliche Funktion. Sie sind an die Trinkwasserversorgung angeschlossen und werden bevorzugt in wärmeren Klimazonen, in innerstädtischen Räumen oder im Umfeld von Sportanlagen verwendet. > Abb. 25

● **Beispiel:** In den Innenhof einer ehemaligen Industrieanlage in Berlin-Friedrichshain setzte Gustav Lange einen monolithischen Kalksteinblock, der von dünnen Wasserrinnsalen benetzt wird. Form und Proportion des Steinblocks bilden eine klare, eigenständige und kraftvolle Haltung gegenüber den umgebenden Ziegelfassaden. Das stille Wasser und die langsam entstehenden Moose und Farne bilden einen reizvollen Gegenpol und erzeugen poetische Tiefe (siehe Abb. 24).

○ **Hinweis:** Allgemeine Informationen und erweiterte Entwurfsansätze sind in *Basics Entwurfsidee* von Bert Bielefeld und Sebastian El khouli, erschienen im Birkhäuser Verlag, Basel 2007, oder in *Freiräume* von Hans Loidl und Stefan Bernhard, Birkhäuser Verlag, Basel 2003, zu finden.

Abb. 25: Moderne Brunnenstelen für Trinkwasser vor einem eingesenkten Becken

Abb. 26: Einleitung des Regenwassers mit zwischengeschaltetem Spritzschutz

Niederschläge, die auf versiegelte Flächen wie Dächer oder Straßen fallen, müssen zur dauerhaften Sicherung des Bauwerkes gefasst und geregelt abgeleitet werden. Es ist sowohl wirtschaftlich als auch ökologisch sinnvoll, Niederschlagswasser nicht in das übergeordnete Kanalsystem abzuleiten, sondern nach Möglichkeit auf dem Gelände, auf dem es anfällt, zurückzuhalten und durch Verdunstung oder Versickerung wieder dem natürlichen Wasserkreislauf zuzuführen. Dafür stehen unter anderem abführende Regenfallrohre, sammelnde Rinnen > Abb. 26 und Kanäle, Wiesenmulden, > Abb. 27 Teiche oder unterirdische Speicherbecken zur Verfügung. Integration und gestalterische Durcharbeitung dieser technischen Bauten in Freianlagen bieten großen Spielraum. Insbesondere bei Neubaugebieten, die die Möglichkeit zur Realisierung eines umfassenden, größeren Systems eröffnen, finden diese Aspekte eines nachhaltigen Wassermanagements Berücksichtigung. Regenwasser-
management

Gesammelter Niederschlag, aber auch gefördertes Brunnenwasser kann für die Bewässerung von Gärten und Plantagen genutzt werden. Dabei werden meist bessere Erfolge beim Pflanzenwachstum beobachtet, wenn das Wasser zunächst einige Tage offen im Sonnenlicht liegt und sich erwärmen kann. > Abb. 28 Die für die Sammlung, Erwärmung und Zuführung erforderlichen Becken, Tröge und Rinnen lassen sich gut in eine Gesamtgestaltung integrieren und bilden unter Ausnutzung von Synergien oft das einzige verwendete Wasserelement. Bewässerung

Wasser für Spiel- und Sportnutzung hat gerade in öffentlichen Parkanlagen eine hohe Bedeutung. Bei entsprechenden Voraussetzungen können bereits vorhandene Elemente erschlossen und in eine Freiraumnutzung eingebunden werden. So wurde der vorhandene Eisbach von Sckell bei der Konzeption des Englischen Gartens in München mit neuen Schwellen und landschaftlichem Verlauf gestalterisch eingebunden und ist heute über die formale Qualität hinaus beliebter Badeplatz und ein besonderer Ort zum Wellenreiten. > Abb. 29 Spiel und Sport

Abb.27: Regenrückhaltung in einer Wiesenmulde durch quer gestellte Stahlscheiben

Abb.28: Sammel- und Wärmebecken an der Stirnseite von dichten Pflanzfeldern

Auch künstlich geschaffene Badeplätze lassen sich als landschaftlich gestaltete Anlagen mit naturnaher Struktur und Wasseraufbereitung leicht in Grünanlagen einpassen. Sie sind jedoch nur für geringe bis mittlere Beanspruchung geeignet. > Abb. 30 Höhere Belastungen erfordern baulich verstärkte Becken mit technischer Wasseraufbereitung. > Abb. 31

Wasserspielplätze arbeiten mit Wasser in unterschiedlichsten Formen. > Abb. 73 Sie inszenieren das Fördern des Wassers durch Pumpen, archimedische Schrauben oder Schöpfräder, das Verteilen und Lenken durch Rinnen, Wassertische oder Stauklappen und das Gestalten durch das Miteinander von Wasser, Sand und Matsch. > Abb. 32

Einfriedung und Besucherlenkung

Wasser kann eine unüberbrückbare Barriere darstellen. Breite, tiefe Wassergräben, beispielsweise an einem Wasserschloss, können Mauern und Zäune mit vergleichbaren Funktionen ersetzen, ohne jedoch die visuellen Beziehungen zwischen den jeweiligen Bereichen zu unterbrechen. Brücken und Stege über Wasserflächen bündeln Wegebeziehungen und können im Zusammenspiel mit einer versperrenden Wasserfläche eine gezielte Besucherführung ermöglichen. > Abb. 33 In historischen Parkanlagen und modernen Freizeitparks bestimmen große Wasserflächen wie Seen oder Fjorde zum Teil die Mitte und den Drehpunkt des Wegesystems in teilweise unüberwindbarer Weise. Die Besucher werden auf vorgegebenen Wegen an den wichtigen Situationen und Attraktionen vorbeigeführt.

Hohe Wasserspiele wie Fontänenblöcke oder Wasserwände zeichnen sich dagegen durch Unterbrechung des visuellen Bezuges aus. Sie bilden eine abschirmende Fassade, die unerwünschte Funktionen und

Abb. 29: Wellenreiten nach einer künstlichen Schwelle im Münchner Eisbach

Abb. 30: Schwimmteich mit baulicher Fassung des nutzbaren Bereiches

Abb. 31: Wasserspielbecken mit wechselnden Wassertiefen

Abb. 32: Spielbereich mit Schwengelpumpe, Steinen, Wassermatsch und Spielbagger

Elemente verdecken und überblenden kann. Darüber hinaus schaffen sie eine eigenständige Geräuschkulisse, die z. B. benachbarten Straßenlärm angenehm überlagern kann. > Abb. 34

SYMBOLIK

Wasser besitzt einen ausgeprägten Symbolwert, der stark religiös verankert ist. Diese Bindung hat sich über Jahrhunderte entwickelt und wird heute noch zumindest unbewusst wahrgenommen.

Je nach Kontext, Form oder Bewegung steht Wasser für Ruhe, Erfrischung, Lebendigkeit oder Reichtum. Es ist ein kulturübergreifendes Symbol für Leben und Vergänglichkeit. Wasser sichert nicht nur das Überleben im tatsächlichen Sinne, sondern steht symbolisch für das geistige Leben sowie die spirituelle Fruchtbarkeit des Menschen. In vielen Kultu-

Symbol

Abb. 33: Wassergraben mit Stegen und Brücken zur gezielten Besucherführung

Abb. 34: Eine Wasserwand als räumlicher und akustischer Abschluss

ren stehen Wasser, Mond und Weiblichkeit in engem symbolischen Zusammenhang.

Wasser in der Religion

Alle drei monotheistischen Weltreligionen entstanden in einer wasserarmen Umwelt. Die religiöse Deutung der Natur war in diesen Religionen von Anfang an mit dem Element Wasser verbunden. Oft wird die reinigende Kraft des Wassers beschworen, zum Beispiel im Islam in Form der rituellen Gebetswaschung vor dem Betreten einer Moschee oder im Hinduismus beim rituellen Bad im Ganges. Im Judentum besitzt so gut wie jede Gemeinde eine Mikwe, ein Ritualbad mit fließendem, reinem Wasser. Nur wer sich vollständig untertaucht, wird rituell gereinigt.

Die christliche Taufe wurde lange Zeit durch Untertauchen oder Übergießen mit Wasser als Ganzkörpertaufe durchgeführt. In der westlichen Welt wird das Wasser heute meist nur noch auf die Stirn des Täuflings geträufelt. Die Taufe bedeutet Hinwendung zu Christus und Aufnahme in die Kirche. Sie steht symbolisch für Sterben und Auferstehen. In der katholischen und orthodoxen Kirche spielt darüber hinaus geweihtes Wasser eine besondere Rolle.

SINNLICHE ERFAHRBARKEIT

Viele Elemente besitzen, über die funktionelle Ebene hinaus, eine ihnen eigene Charakteristik, auf die im Entwurf bewusst eingegangen werden sollte. So wird mit Pflanzen die Zeit als vierte Dimension verbunden. Im jahreszeitlichen Rhythmus und über die Jahre hinweg entstehen wechselnde Bilder und Stimmungen, hervorgerufen durch das Wachstum, die unterschiedliche Farbgebung und die sich verändernde Form.

Beim Wasser liegt dies in der besonderen Vielfältigkeit sinnlicher Erfahrbarkeit begründet. Gestaltung mit Wasser wird ausdrucksstärker, wenn die Sinneserfahrung als Komponente im Konzept integriert und immer wieder aufs Neue bespielt wird. Es ist schwer zu sagen, welcher Sinn

Abb. 35: Kanäle und Wasserspiele eines orientalischen Gartens

Abb. 36: Schlichter Brunnen bei einem Kreuzgang

durch Wasser am ehesten oder am intensivsten angesprochen wird. Letztendlich ist es das abgestimmte, wohl dosierte Zusammenspiel, das eine gelungene Komposition kennzeichnet.

Reines Wasser ist klar und transparent. Es hat die Fähigkeit, Licht scheinbar einzufangen. Wassertropfen, Wasserspiegel und Wellen werden zu Prismen, in denen sich das Licht farbenfroh bricht und eine nie enden wollende Vielfalt von glitzerndem Funkeln und Schimmern entwickeln kann. Färbungen des Wassers entstehen durch Beimengungen, Lösungen oder Emulsionen. Sehen, Farbe

Eingebrachte Luft, die in Form von kleinen Bläschen mit dem Wasser verwirbelt wird, vermindert die Transparenz und lässt es zunehmend weiß-opak erscheinen. Beruhigt sich das Wasser, entweicht die Luft, und der Aspekt verschwindet. Durch diese Emulsion bilden sich beispielsweise die weißen Wellenkronen in der Brandung oder die weich-weißen Wasserskulpturen von Schaumsprudlern. > Kap. Technischer Rahmen, Bewegungen

● **Beispiel:** Wasser steht symbolisch für Leben, Tod und Wiederkehr. Auf christlichen Friedhöfen und im direkten Umfeld von Kreuzgängen finden sich oft Brunnen, die mit dünnen Wasserstrahlen, Quellsteinen oder kleinen, labyrinthischen Wasserläufen zurückhaltend und ruhig gestaltet sind (siehe Abb. 36). In orientalischen Gärten repräsentiert es die vier Flüsse des Paradieses (siehe Abb. 35).

Abb. 37: Kneippbecken mit wechselnden Bodenbelägen und Handlauf

Gelöste Stoffe aus durchflossenen Böden oder Gesteinen färben das Wasser. Die bräunliche Färbung im Ausfluss von Mooren geht auf die Auswaschung der dortigen Huminsäuren zurück. Die Farben von Lösungen bleiben anhaltend stabil, sind jedoch meist blass und gestalterisch wenig beeinflussbar.

Wildes, schnell fließendes Wasser reißt Sande und Steine aus dem Flussbett mit sich und verwirbelt sie fortwährend. Durch diese Beimengungen entstehen individuelle Gewässerfarben mit geringer Transparenz, wie wir sie bei frisch-grünen Gebirgsbächen kennen. Mit dem Nachlassen der Strömung setzen sich diese Beimengungen ab, und die Färbung verschwindet.

In der Regel resultiert die Farbe des Wassers jedoch aus Spiegelbildern der Umgebung oder wird durch Objekte unterhalb der Wasseroberfläche hervorgerufen. Wie wir diese Farben sehen, hängt vom Blickwinkel, dem Brechungswinkel zwischen Luft und Wasser sowie den Helligkeitsunterschieden ab. Je tiefer Wasser ist, desto „tiefer" wirkt die Farbe, ein Effekt, der durch die natürlichen Ablagerungen an Wänden und Böden über die Jahre hinweg verstärkt wird. Dunkle, fast unsichtbare Teichböden fördern den Spiegeleffekt an der Wasseroberfläche. Helle Böden wie in einem Swimmingpool lassen das Wasser dagegen klar, licht und transparent erscheinen und erleichtern die Lesbarkeit von Ornamenten auf dem Beckenboden. > Abb. 38

Schmecken — Reines Wasser ist ohne eigenen Geschmack. Erst durch Auswaschungen und Lösungen aus umgebenden Böden oder Gesteinen entsteht eine spezielle geschmackliche Note. Wasser aus Quellen kann gefasst und beispielsweise für die Versorgung von Trinkbrunnen genutzt werden.

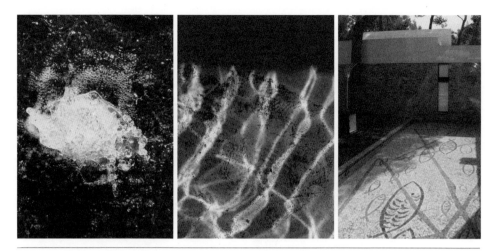

Abb. 38: Farbliche Erscheinungen des Wassers, verursacht durch Luftbläschen, optische Brechungen des Lichts und unter der Oberfläche liegenden Ornamenten

Der „Duft des Wassers" entsteht analog zum Geschmack durch ge- löste Beimengungen oder den individuellen Duft befeuchteter Materialien. Um als Duft wahrgenommen zu werden, muss aromatisiertes Wasser durch Verdampfen oder Versprühen in die Atmosphäre entweichen. So entstehen beispielsweise in der direkten Umgebung von unregelmäßigen Wasserfällen frische, leicht mineralisch geprägte Düfte. Riechen

Wasser wird direkt durch Eintauchen oder indirekt durch Verdampfung oder Zerstäubung wahrgenommen. Temperatur und Luftfeuchte relativieren die jeweilige Wirkung. Zerstäubtes Wasser wird in einer trockenen, heißen Umgebung als angenehm frisch, in einer kühlen, feuchten Umgebung als unangenehm kalt und abweisend empfunden. Fühlen

●

Ob es das Tosen der Wildbäche, der satte, kraftvolle Klang von Fontänen, das gedämpfte Pulsieren von Schaumsprudlern oder das mechanische Fallen einzelner Wassertropfen ist, der Klang des Wassers mit seinen Höhen und Tiefen, seinem Rhythmus und wechselnden Tönen zeigt Hören

● **Beispiel:** Kneippanlagen laden zum Wassertreten im kniehohen kalten Wasser ein. Durch das Auf und Ab und den Wechsel von warm und kalt geht von ihnen eine erfrischende und gesundheitsfördernde Wirkung aus. Mit taktil erfahrbaren Bodenbelägen, beispielsweise grobem Kies, kann diese Wirkung unterstützt werden (siehe Abb. 37).

Abb. 39: Klangreiche „Wasserorgel" mit Fontänen, Kaskaden und ruhigen Wasserbecken

Abb. 40: Markante bauliche Fassung einer Wasserfläche

viele Eigenschaften von Musik. Tonhöhe und Klang hängen von der Menge des Wassers, seiner Geschwindigkeit und dem Resonanzkörper ab, auf den es fällt. So kann durch die Strömungsgeschwindigkeit, das Abflussprofil, die Fontänenausbildung, die Größe, Höhe und Tiefe der Aufprallfläche und durch die Frequenz der Pumpenkreisläufe Einfluss auf den

○● Klang genommen werden.

○ **Hinweis:** Durch die Vielzahl an beeinflussenden Faktoren ist der Klang ebenso wie der Fall des Wassers schwer bestimmbar und sollte während der Bauphase getestet und nachjustiert werden. Dies kann beispielsweise durch Änderungen der Prallkanten (z. B. durch andere Winkel, in denen das Wasser auftrifft), der Resonanzkörper (z. B. Stein statt Holz) oder der Strömungsgeschwindigkeit erfolgen.

● **Beispiel:** Die „Wasserorgel" in den Gärten der Villa d'Este in Tivoli erinnert optisch mit ihrer Vielzahl von Fontänen, Kaskaden und Wasserbecken und akustisch durch wechselnden Wasserdruck, unterschiedliche Strahlstärke und differenzierte Aufprallflächen an das Musikinstrument (siehe Abb. 39).

Technischer Rahmen

Nachdem in der ersten Entwurfsphase aus dem vorgefundenen Ort und der individuellen Inspiration heraus ein Konzept für eine Wasseranlage gefunden wurde, gilt es in einem zweiten Schritt, diesen Ansatz vor dem Hintergrund der technischen Möglichkeiten und der mit ihnen verbundenen finanziellen Aufwendungen zu vertiefen und zu einem schlüssigen und tragfähigen Entwurf weiterzuentwickeln.

Die Fragestellungen und möglichen Lösungsansätze sind so vielfältig, dass der Einfallsreichtum des Planers bis ins Detail gefordert ist. Fragen nach der Verfügbarkeit und Herkunft des Wassers, seiner Fassung und Führung, der Bewegung und der begleitenden Inszenierung stehen dabei im Vordergrund.

INSZENIERBARES WASSER

Für eine Inszenierung muss Wasser zu den vorgesehenen Betriebszeiten in ausreichender Menge und geeigneter Qualität zur Verfügung stehen. Es kann aus Quellen, Gewässern, Niederschlägen, dem Grundwasser oder der lokalen Trinkwasserversorgung gewonnen, in zwischengeschalteten Speicher gesammelt und für die vorgesehene Gestaltung bereitgestellt werden.

Natürliche Quellen, die Wasser ohne menschliches Zutun aus dem Boden befördern, sind bei ausreichender Schüttung ein idealer und kostengünstiger Ausgangspunkt für eine Gestaltung mit Wasser. Die Wasserqualität wird durch die durchflossenen Bodenhorizonte bestimmt. Gebaute und gedeckte Quellfassungen schützen die Quelle vor Verunreinigungen. Sie können zudem mehrere Quellaustritte zusammenfassen und so bei ausreichendem Speichervolumen die oft über das Jahr hinweg schwankenden Quellschüttungen ausgleichen.

Aus oberirdischen Gewässern wie Bächen oder Seen kann durch Ausleitungen, Pumpen oder Schöpfwerke Wasser gewonnen werden. Wassermühlen mit ihren Wehren und Ausleitungsstrecken sind hierfür ein bekanntes Beispiel. Dies sichert meist eine konstante Versorgung mit Wasser, bedingt allerdings meist einen deutlichen Eingriff in das Ausgangsgewässer.

Niederschläge wie Regen oder Schnee können auf versiegelten Flächen wie Dächern oder Plätzen über das Jahr hinweg gesammelt werden. Die dabei erfassbaren Mengen und deren zeitliche Verteilung werden durch das lokale Klima bestimmt und fallen oft sehr unterschiedlich aus. Dies kann bei längeren Trockenzeiten, gerade im Sommer, zu Versorgungsengpässen führen. Gesammelte Niederschläge werden in ausrei-

Herkunft

35

chend dimensionierten oberirdischen Becken oder unterirdischen Zisternen zwischengespeichert, bevor sie gedrosselt und zeitlich verzögert einer weiteren Nutzung zugeführt werden. Niederschläge sind meist von guter Qualität. Über Abwaschungen auf den angeschlossenen versiegelten Flächen können jedoch Verunreinigungen auftreten.

Grundwasser befindet sich in den Porenräumen von tiefer liegenden Bodenschichten. Es kann insbesondere bei durchlässigen Böden wie Kiesen oder Sanden leicht mit Pumpen zu Tage gefördert werden und so eine konstante Versorgung sicherstellen. Werden Grundwasserhorizonte durch großflächige Abgrabungen, etwa zur Kiesgewinnung, freigelegt, so können dauerhafte Seen mit oft guter Wasserqualität entstehen.

Die Nutzung eines vorhandenen Trinkwassernetzes stellt eine einfache Art der Wasserversorgung dar. Sie ist in der Regel in ihrem Zulauf konstant und bietet eine hohe Wasserqualität ohne zusätzliche Aufbereitung. Durch die Versorgung entstehen jedoch mittelfristig erhöhte Betriebskosten.

Kombinationen dieser unterschiedlichen Ressourcen sind entwurfsabhängig realisierbar. Neben der jeweiligen lokalen Verfügbarkeit sind die vorhandene Speichermöglichkeit, die entstehenden Gesamtkosten ○ ■ und die angestrebte Wasserqualität entscheidend.

Struktur Eine Wasseranlage > Abb. 41 wird über einen Zu- und Abfluss, gegebenenfalls in Verbindung mit einem puffernden Speicher, mit Wasser versorgt. > Kap. Technischer Rahmen, Wasserzu- und Wasserabfluss Wasser kann allein (z. B. als frei stehende Fontäne) oder in Verbindung mit baulichen Fassungen (z. B. Trogbrunnen) gestalterisch präsentiert werden. Zur Fassung wird eine konkave Form benötigt, die je nach Konzept sichtbar (z. B. Becken, Schalen oder Mulden) oder unsichtbar (z. B. unter einem Gitterrost oder in unterirdischen Pumpenkammern) entwickelt wird. > Kap. Technischer Rahmen, Abdichtungen und Fassungen Für bewegtes Wasser (z. B. reinigende Umwälzung oder Wasserspiele) können ergänzend innere Wasserkreisläufe vorgesehen werden. > Kap. Technischer Rahmen, Bewegungen

Wassermenge Die erforderliche Wassermenge bemisst sich nach dem zu füllenden sichtbaren Volumen (z. B. Brunnenbecken oder Teich), den verdeckten Installationen (z. B. verbindende Rohre oder puffernde Speicher) sowie den temporär erforderlichen Wassermengen für Kaskaden und Wasserspiele.

○ **Hinweis:** Eingriffe und Veränderungen in vorhandene Gewässer unterliegen in den meisten Ländern einer strengen gesetzlichen Regelung. Dies betrifft auch die Förderung oder das Anschneiden von Grundwasser. Zudem haben die damit verbundenen Genehmigungsverfahren oft eine lange Bearbeitungszeit, was bei der jeweiligen Projektentwicklung zu berücksichtigen ist.

■ **Tipp:** Bei Entwürfen, die den direkten Kontakt mit dem Wasser vorsehen, ist die Verwendung von Trinkwasser zu empfehlen. Anlagen wie Wasserspielplätze, die zum direkten Kontakt mit Wasser auffordern, und ausgewiesene Trinkbrunnen müssen allein schon aus hygienischen Gründen mit Trinkwasser betrieben werden.

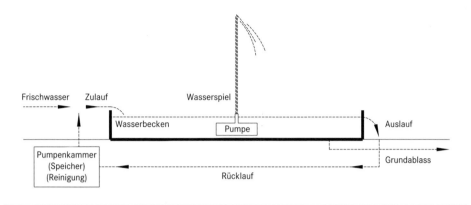

Abb. 41: Prinzip einer Wasseranlage

Ein Wasserzufluss ist temporär für die vollständige Befüllung der Anlage sowie permanent für den Ausgleich von Wasserverlusten erforderlich. Verluste entstehen durch den regulären Betrieb, beispielsweise durch überschwappendes Wasser, Wasserspiele, partiellen Austausch zum Erhalt der Wasserqualität oder durch Verdunstung.   ○

ABDICHTUNGEN UND FASSUNGEN

Wasser toleriert weder in der planerischen Konzeption noch in der baulichen Umsetzung Fehler. Mit entlarvender Präzision findet es jede noch so kleine undichte Stelle, wandert durch sie hindurch und weiter bis auf die nächste vollständig dichte Ebene und kommt erst dort zur Ruhe.

Selten ist eine geeignete Fassung oder ein ausreichend dichter Baugrund vorhanden. So werden die Wahl einer dauerhaften Dichtung, die präzise Detaillierung der Rand- und Übergangszonen sowie die schlüssigen

○ **Hinweis:** Der Verdunstungsverlust wird durch intensive Sonneneinstrahlung und exponierte Windlage gefördert. Offene Wasserflächen können so selbst in gemäßigten Lagen über einen Zentimeter Wasser pro Tag verlieren. Durch eine sorgfältige Standortwahl, leichte Beschattung und den Schutz vor Wind kann dem entgegengewirkt werden.

Tab. 2: Übersicht Dichtungsarten

Dichtungsarten für freie, landschaftliche Entwürfe	Dichtungsarten für regelmäßige, architektonische Entwürfe
Ton/Lehm	Ortbeton
Bentonit	Betonfertigteile
Folien	Kunststoff
Bitumendachbahnen	Stahl
Gussasphaltmastix	Holz
Spritzbeton	Mauerwerk
Kunststoff	Naturstein

Verbindungen zwischen den einzelnen Bauteilen zu den entscheidenden Faktoren für das Gelingen und dauerhafte Bestehen einer Wasseranlage.

Material- und konstruktionsbedingt besitzen die unterschiedlichen Dichtungsarten einen jeweils eigenen Charakter, der über die technischen Vor- und Nachteile hinaus die formalen Anforderungen eines Konzeptes mehr oder weniger begleitend unterstützen kann. > Tab. 2

Die Wahl der Dichtungsart wird von der angestrebten optischen Wirkung, dem gestalterischen Kontext, der Form und Größe, der Bewegungsenergie des verwendeten Wassers, der Nutzungsart und dem anstehenden Baugrund bestimmt. Immer jedoch muss die Oberkante der Dichtungsschicht durchgehend und mit ausreichender Sicherheit über dem angestrebten Maximalwasserstand liegen. > Abb. 42 und Kap. Technischer Rahmen, Randgestaltung

Der Baugrund muss ausreichend verdichtet und auch unter Berücksichtigung des Gewichtes der zukünftigen Wasserfläche standfest sein. Spätere Setzungen können zu Schäden in der Dichtung und Randausbildung führen. In der Regel werden folgende Bauweisen verwendet:

Ton/Lehm   Bei der Tondichtung, der wohl ältesten Dichtungsvariante, werden Böden mit einer geringen Wasserdurchlässigkeit (K-Wert ≤ 10–9/Ton, Lehm) in Stärken von ca. 30 cm auf den steinfreien, standfesten und profilierten Baugrund aufgebracht, verdichtet und mit einer schützenden Schicht aus Kiessand abgedeckt. Dabei sind Böschungsneigungen bis ca. 1/3 realisierbar.

Die Dichtungsschicht wird als Schüttgut geliefert, ausgebracht und flächig eingeschoben. Für kleinere Flächen stellen ungebrannte Ziegelrohlinge und vorgefertigte Tonelemente eine sinnvolle Alternative dar. Sie werden in mehreren Schichten Element an Element eingebracht und abschließend verdichtet. Während des Einbaus darf der Ton weder zu trocken noch zu feucht sein, um eine ausreichende Verdichtung zu gewährleisten.

Durch ihren natürlichen Charakter hat diese Dichtung eine hohe emotionale Akzeptanz bei den zukünftigen Nutzern. Bei einem Rückbau der

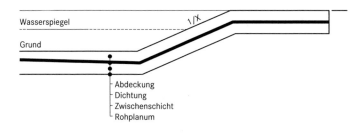

Abdeckung
Dichtung
Zwischenschicht
Rohplanum

Abb. 42: Prinzipaufbau einer Bodendichtung. Die maximale Böschungsneigung (1/x) hängt von den verwendeten Materialien ab.

Anlage sind keine Entsorgungsprobleme zu erwarten. Vollständige Austrocknungen, zum Beispiel durch Stilllegung im Winter, können tiefgehende Schwundrisse hervorrufen und dadurch ebenso zu einer dauerhaften Schädigung führen wie eine intensive Nutzung oder zu üppiges Wurzelwachstum. Tondichtungen besitzen durch ihr fortwährendes Quellvermögen im geringen Umfang eine „Selbstheilungskraft". Auf diese Weise können, zusammen mit dem Einwaschen von Feinkorn in eventuell vorhandene kleinere Risse, geringe Schäden an der Dichtung ohne korrigierende Maßnahmen von außen wiederhergestellt oder marginale Setzungen des Baugrundes aufgefangen werden. Einbauten und Durchdringungen dagegen sind in Tondichtungen schwerer und meist nur mit zusätzlichen breiteren Flanschen aus Folie zu realisieren.

Diese Dichtungsvariante kommt vorrangig für naturnahe, dauerhaft bespannte Wasseranlagen mit geringer Nutzungsdichte und wenigen Einbauten, beispielsweise für ruhige Gartenteiche, zur Anwendung.

Als Sonderform einer Tondichtung wird Bentonit, ein Gestein aus Tonmineralien mit hoher Wasseraufnahme und Quellfähigkeit, als mehlartiges Pulver in eine anstehende Bodenschicht eingefräst, anschließend verdichtet und mit einer Schutzschicht aus Kiessanden abgedeckt. Von manchen Herstellern werden alternativ zu den losen Beimengungen auch vorgefertigte Matten zum Auslegen angeboten. Bentonit

Durch die Verwendung vom Bentoniten wird die Wasserundurchlässigkeit der anstehenden Böden verbessert. Der anstehende Boden selbst wird zur Dichtungsschicht, wodurch kostenintensive Erdbewegungen vermieden werden. So empfiehlt sich diese Variante insbesondere dann, wenn die örtlich anstehenden Böden einen schon erhöhten Wasserundurchlässigkeitswert aufweisen. Die sonstigen Anwendungsmöglichkeiten und Einschränkungen entsprechen denen der Tondichtung.

Bei Foliendichtungen, der im Hausgartenbereich meistgebräuchlichen Variante, erfolgt die Dichtung mit ca. 1,5–2,5 mm dicken Kunst- Folien stoff-Dichtungsbahnen, die je nach zu belegender Fläche zugeschnitten und miteinander verklebt werden können. Sie werden auf den vormodellierten, tragfähigen und feinkörnigen Untergrund über einer Ausgleichschicht aus Sand verlegt und mit einer Schutzschicht aus Kiessanden abgedeckt. Böschungsneigungen sind bis ca. 1/3 standhaft baubar. Bei steileren Neigungen kommt es leicht zur Erosion der Deckschicht und einem Freistellen der gegenüber Druck und UV-Einstrahlung empfindlichen Folie.

Naturnahe Randbereiche können wie mit der Tondichtung durch sanftes Verziehen ausgebildet werden. Anschlüsse an Einbauten oder Durchdringungen werden durch Flansche oder Klemmleisten wasserdicht ausgebildet. Die Folie ist empfindlich gegenüber UV-Bestrahlung und mechanischen Beschädigungen. Spätere Reparaturen sind nur in geringem Umfang möglich.

Die Vorteile der Foliendichtung liegen in ihrer guten Verfügbarkeit, der schnellen wie einfacheren Verlegung, der Fähigkeit, auch sehr durchlässigen Untergrund zuverlässig abzudichten, und in den verhältnismäßig niedrigen Kosten.

Diese Dichtung kommt bei größeren technischen Bauwerken wie Regenrückhaltebecken sowie bei gestalteten Anlagen für eher kleinere landschaftlich ausgeformte Teichanlagen mit geringer Benutzung zur Anwendung.

Bitumendachbahnen Die Abdichtung mit Bitumendachbahnen ist vergleichbar mit der Abdichtung mit Kunststoff-Folien. Die hierbei verlegten Bitumendachbahnen bestehen aus einer auf beiden Seiten mit Bitumen beschichteten Trägerbahn. Die Materialien sind leicht verfügbar und einfach anzuwenden. Sie sind jedoch nicht UV- und oft nicht wurzelbeständig, so dass diese an und für sich kostengünstige Dichtungstechnik nur eine Nebenrolle, etwa für temporäre Installationen, spielt.

Gussasphaltmastix Gussasphalt ist eine dichte bituminöse Masse, die im heißen Zustand gieß- und streichfähig ist. Sie wird auf einen gestuften Unterbau mit Frost-

---

○ **Hinweis:** Bei der Folienauswahl ist immer auf gute UV-Beständigkeit und Wurzelfestigkeit zu achten. Die Folie soll vor einer Überschüttung flach liegend und ohne Falten und Überwerfungen verlegt sein, da diese Stellen beim Altern potenzielle Bruchstellen darstellen. Bei Pflanzen mit starkem bis aggressivem Wurzelwachstum, wie es viele Röhricht- oder Baumbusarten aufweisen, die oft mühelos Folienbahnen durchstoßen, ist eine stärkere Abdeckung, eine hochwertigere Folie oder eine zusätzliche Wurzelschutzfolie im Pflanzbereich vorzusehen.

■ **Tipp:** Durchdringungen für Rohrleitungen oder Auslässe lassen sich am besten mit einem in den Asphalt eingegossenen Flansch realisieren. Bei Anschlüssen an Bauwerke ist eine ausgefräste und mit Asphalt vergossene Naht sinnvoll. Kleinere bauliche Elemente wie Stufen können direkt auf die Dichtungsschicht aufgesetzt werden.

Abb. 43: Einheitliche Materialität von Dichtung und Wegebelag

Abb. 44: Gemischte Bauweise mit Asphalt, Beton und Stahl

schutzschicht, mineralischer Tragschicht und Asphaltbinderschicht in einer Stärke von ca. 1 cm meist in zwei Lagen aufgebracht. Dabei sind Böschungsneigungen von 1/2,5 und steiler möglich. Es entstehen standfeste und stabile Dichtungen, die später ergänzt und nachgedichtet werden können. Der Einbau kann nur mit geeigneter Technik erfolgen. Sie ist baulich aufwendig und daher insbesondere auf kleinen Flächen verhältnismäßig kostenintensiv.

Eine Alternative stellt die Verwendung von Asphaltfeinbeton dar, der in Herstellung und Einbau günstiger ist, jedoch ein nicht ganz so dichtes Porenverhältnis wie Gussasphalt aufweist und deshalb gerade in den Randbereichen technisch aufwendiger einzubauen ist, um wirklich dicht zu sein.

Die Asphaltmastixdichtung wird bevorzugt bei großflächigeren und unregelmäßigeren Anlagen, gut durchlässigem, aber standfestem Baugrund, aber auch bei intensiveren Nutzungen für innerstädtische Teichanlagen verwandt. Sie bietet die Möglichkeit, nahtlos in den umgebenden Wegebelag überzugehen, und erlaubt so den Bau von flachen, überfahrbaren Wasserspiegeln. > Abb. 43

■ Ortbeton

Bei Ortbetonkonstruktionen wird die Wasseranlage mit qualitativ hochwertigem, wasserundurchlässigem Beton, der vorwiegend bewehrt als Stahlbeton eingesetzt wird, auf standfester Gründung hergestellt. Durch geeignete Schalung können vor Ort alle Neigungswinkel und exakte Formen gegossen werden. > Abb. 40 Bei der Fertigung vor Ort ist durch die besonderen Arbeitsbedingungen auf der Baustelle, durch den individuellen Bau der Schalung und durch den Schwund des Betons eine größere Fertigungstoleranz im Entwurf zu berücksichtigen. Die sichtbaren Flächen können je nach Entwurfsansatz als schalungsglatter Sichtbeton ausgeführt, steinmetzmäßig bearbeitet, mit einem Anstrich oder mit keramischen Belägen versehen werden.

Beton ist prinzipiell pflanzen- wie tierunschädlich. Durch Auswaschungen kann es in der Anfangszeit zu Verschiebungen im pH-Bereich des Wassers kommen, dem durch Wasseraustausch begegnet werden kann.

Diese Bauart findet vorwiegend bei größeren architektonischen, geometrischen Entwürfen wie Schwimmbecken, Wasserrinnen oder Schalen und bei intensiver Beanspruchung Anwendung. > Abb. 45

Betonfertigteile

Bei der Verwendung von Betonfertigteilen werden die erforderlichen Bauteile in einem Werk gefertigt und auf der Baustelle auf eine vorbereitete Gründung aufgesetzt. Größere Anlagen können aus mehreren Teilen bestehen oder vor Ort durch Ortbetonbauweise ergänzt werden, etwa für die Ausbildung großflächiger Bodenplatten. Bei zusammengesetzten Konstruktionen ist besondere Sorgfalt auf die Ausbildung und Dichtung der entstehenden Fugen zu legen. Die Werksfertigung erlaubt über den hochwertigen Beton hinaus eine hohe Präzision für den Bau der Elemente, was sowohl die Maßtoleranz als auch die Oberflächenausbildung betrifft. > Abb. 46 Größe und Formen der Elemente werden nur durch die zur Verfügung stehenden Transportkapazitäten begrenzt.

Als Betonwerkstein werden vorgefertigte Elemente bezeichnet, deren Ansichtsflächen durch den Steinmetz bearbeitet oder durch Spitzen, Stocken, Sandstrahlen, Absäuern, Auswaschen oder Schleifen besonders gestaltet sind. Betonfertigteile werden bevorzugt als monolithische Elemente oder partiell als Komponenten für architektonisch geprägte Entwürfe verwendet, wenn hohe Präzision oder eine besonders gearbeitete

○ **Hinweis:** Bei großen Bauabschnitten ab ca. 5 m sind Dehnungsfugen notwendig, die durch eingelegte Dichtungsbänder wasserdicht geschlossen werden. Da diese Fugen jedoch künftig die optische Erscheinung prägen, ist nicht nur die technisch erforderliche, sondern darüber hinaus eine abgestimmte gestalterische Verortung dieser Abschnitte (z. B. durch regelmäßige Abstände der Fugen) empfehlenswert. Bei einer Behandlung der Oberfläche (z. B. Stocken oder Auswaschen) ist auch nach der Bearbeitung eine ausreichende Überdeckung der Armierung sicherzustellen. Im Wasserbau wird zudem für Betonkonstruktionen als Korrosionsschutz eine größere Betonüberdeckung über der Stahlarmierung gefordert, so dass viele Konstruktionen stärker dimensioniert werden müssen, als es statisch erforderlich ist.

Abb. 45: Trogbrunnen aus Ortbeton

Abb. 46: Betonfertigteil von hoher Präzision

Oberfläche erwartet wird. Auch wenn in größeren Mengen produziert oder losgelöst vom Baugeschehen vor Ort gefertigt werden soll, kommen sie zum Einsatz. Ihre Verwendung ist der des Natursteins vergleichbar, wenngleich sie in der Regel kostengünstiger sind.

Spritzbeton ist eine Sonderform des Betonbaus, bei der spezieller, Spritzbeton dickflüssiger Beton in einer geschlossenen Leitung zur Einbaustelle befördert und dort mit einer Spritzdüse auf tragfähige Auftragsflächen, die aus Schalungsflächen, Böden oder anderen Bauteilen bestehen, pneumatisch aufgetragen wird. Die Verdichtung des Betons erfolgt durch die so entstehende Aufprallenergie. Abhängig von der vorgesehenen Verwendung und dem anstehenden Untergrund ist eine Armierung vorzusehen.

Diese Bauweise eignet sich insbesondere für Anlagen mit ausgeprägt bewegter Topografie, bei vielen Bauwerksanschlüssen sowie bei hohen Anforderungen an die Strapazierfähigkeit während der späteren Nutzung. Sie ist in der Verwendung mit der Asphaltmastix vergleichbar, kann jedoch durch den Rohrleitungstransport auch bei unzugänglicheren Baufeldern eingesetzt werden.

Bei der Verwendung von Kunststoffbauteilen werden durch Kunst- Kunststoffbauteile stoffe oder glasfaserverstärkte Kunstharze die gewünschten Formen im Werk gefertigt und vor Ort entsprechend den jeweiligen Herstellerangaben in vorbereitete Baugruben versenkt. Meist erfordert die Konstruktion, insbesondere bei größeren Becken, eine stabile Hinterfüllung, beispielsweise mit Magerbeton. In kleineren Größen sind diese Elemente leicht zu handhaben und zum Teil sogar wieder verwendbar. Im Detail ist insbesondere das Verdecken der Konstruktion und somit eine gestalterisch befriedigende Einbindung schwer zu realisieren. > Abb. 47

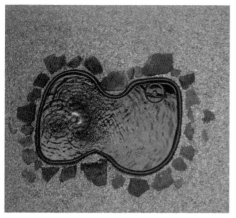

Abb. 47: Gestalterisch unbefriedigend: sichtbarer Rand eines Kunststoffbeckens

Abb. 48: Bepflanzter Stahltrog mit besonders dünner Wandausbildung

Diese Technik findet vor allem bei temporären Anlagen und kleineren Zierbecken, zum Beispiel verdeckt als Unterkonstruktion von Quellsteinen oder voll sichtbar bei Swimmingpools, Anwendung.

Stahl   Stahlkonstruktionen werden für Brunnenanlagen, Zierbecken, Kneippbecken oder Swimmingpools und für Anlagen mit lang anhaltender und intensiver Nutzung wie Wehre, Wasserschütten oder Spielgeräte verwendet. Stahl überrascht durch besondere optische Leichtigkeit. > Abb. 48 Er erlaubt hohe Verarbeitungs- und Einbaugenauigkeit und anhaltende Stabilität, was beispielsweise bei präzise eingespannten Wasserspiegeln von großem Vorteil ist.

In der Regel wird korrosionsfreier Edelstahl verwendet, dessen Oberfläche jedoch meist einen sterilen Eindruck vermittelt. Dem kann durch besondere Behandlung der Oberflächen entgegengewirkt werden (z. B. durch sandgestrahlte, lackierte oder pulverbeschichtete Varianten). Aufgetragene Farben können durch die Nutzung im Laufe der Zeit abgewetzt und somit optisch unansehnlicher werden.

Zunehmend wird für den Bau von Brunnen und Einfassungen neben verzinkten Konstruktionen auch Rohstahl oder wetterfester Baustahl (Cortenstahl) verwendet, eine Edelstahllegierung mit korrodierender, „rostender" Oberfläche, die insbesondere durch den rohen, archaischen

■ Charakter fasziniert. > Abb. 49

Holz   Insbesondere in waldreichen Gegenden hat Holz zur Wasserfassung eine lange Tradition. Aus ganzen Stämmen werden Rohrleitungen und Tröge gefertigt. Dicht an dicht beplankt, können lange Kastenrinnen wie bei oberschlächtigen Wassermühlen oder breite repräsentative Wasserspiegel für Waschplätze und repräsentative Brunnenanlagen entstehen. > Abb. 50

Abb. 49: Auffällig breite Brunnenwandung aus Stahl mit feinen Quellstrahlen

Abb. 50: Historische Brunnenanlage, vollständig aus Holz gebaut

Diese Variante kann bei architektonischen Formen zur Anwendung kommen und ist dabei in der Verwendung den Betonkonstruktionen vergleichbar. Dauerhafte Konstruktionen sollten aus festen, für den Wasserbau geeigneten Hölzern (z. B. Eiche, Lärche oder Tropenhölzern) gefertigt werden. > Abb. 50 und 51

Bevorzugt in Gegenden mit milderen Wintern finden sich häufiger gemauerte Becken, beispielsweise aus Klinker oder Naturstein. Gemauerte Konstruktionen bieten große Freiheiten in der plastischen Ausformung, in der Mischung von Materialien und in der Gestaltung von besonders fein strukturierten Oberflächen. > Abb. 52

Gemauerte Becken

Voraussetzung ist jedoch eine stabile Unterkonstruktion, um Haarrisse durch Bewegung auszuschließen, und die Verwendung von frostbeständigen Mauersteinen mit geringerem Porenvolumen, um Frostsprengungen zu vermeiden. Die Vielzahl von Fugen stellt immer ein

■ Tipp: Bei ständiger Befeuchtung oder bei lang anhaltendem Verbleib in wechselfeuchtem Umfeld mit direkten Kontaktzonen zum Stahl kommt auch bei wetterfestem Baustahl die Metall-Korrosion kaum zum Stillstand. Hier empfiehlt es sich, die Wandstärken der Konstruktion stärker als statisch notwendig zu wählen, um einem mittelfristigen Verlust Rechnung zu tragen.

Abb. 51: Detail eines Holzbodens mit begrenzender Schlitzrinn

Dichtungsrisiko dar. Eine innen liegende Wanne, beispielsweise aus einem Betonfertigteil, kann dieses Risiko mindern, beeinflusst aber die die optische Erscheinung des Beckens. Gemauerte Konstruktionen werden bevorzugt für kleinere architektonische Wasserbecken und Rinnen verwendet.

Naturstein   Zweifellos ist Naturstein mit seiner unbegrenzten Vielfalt in Art, Größe und Bearbeitung das wichtigste und wohl auch repräsentativste Material für Quellfassungen, Brunnensteine, Schalen und Tröge.

In der einfachen Variante wird eine tragende Betonunterkonstruktion mit einer dünnen Deckschicht aus Naturstein kombiniert. Wasserrinnen werden so aus Bordsteinen und Pflastersteinen oder Grobkies zusammengesetzt. Mit dünnen Platten können plastisch gering geformte Brunnenblöcke Material sparend verkleidet werden. Diese Verblendbauweise ist kostengünstig. Doch auch bei präziser Durcharbeitung von Plattenschnitt und Fugenbild bleibt der manchmal als zersplittert empfundene Charakter einer Verblendung und die zu flach erscheinende Zweidimensionalität ablesbar. > Abb. 53

Um dies zu vermeiden, werden Brunnenblöcke vollständig aus Werksteinen zusammengesetzt. Als Werkstein wird ein bearbeiteter, meist in Handarbeit von Steinmetzen behauener Naturstein bezeichnet. Der durchgehende, massive Naturstein ermöglicht eine tiefere plastische Durcharbeitung der Steine, wie sie für geschwungene Formen, Schalen oder Ornamente erforderlich ist. > Abb. 54 Bei hoher handwerklicher Präzision schließen die Fugen zwischen Werksteinen allein schon durch die passgenaue Setzung. Dauerhaft ist der Fugenverguss mit Blei.

Abb. 52: Quellfassung mit dünnen, bruchrauen Natursteinen, eingesetzten Werksteinen und umspielender Vegetation

Die faszinierendste Wirkung geht von monolithischen Kompositionen aus, bei denen die ungebrochene Kraft des Steines und die Leichtigkeit des Wassers im Zusammenspiel am deutlichsten zur Geltung kommen. > Abb. 55 Monolithische Entwürfe werden durch die vorgefundene Größe des Rohblockes, also die Mächtigkeit der Gesteinslagen im Steinbruch, die Bearbeitungsfähigkeit des Gesteins und die anschließenden Transportmöglichkeiten beschränkt.

Natursteine lassen sich mit geringsten Toleranzen bearbeiten, so dass auch bei kleinen Wasserdurchflussmengen eine präzise Wasserführung in Kaskaden oder Schütten erreicht werden kann. Durch die Bearbeitung der Oberfläche wird zudem der Charakter der gesamten Komposition gestärkt. Geschliffene oder polierte Oberflächen setzen den Glanz des Wassers fort, Form und dauerhafte Eleganz werden betont. Geflammt oder leicht sandgestrahlt, ergibt sich eine samtig matte Oberfläche, die leichter bewittert und lebendiger altert. Wird diese durch Spitzen oder Stocken grob bearbeitet, entsteht nicht nur eine rustikalere Erscheinung, sondern je nach Tiefe ein längeres Verweilen von überfließendem Wasser und die Option zum stärkeren Bemoosen.

■ Sonstige Fassungen

Für kleinere Anlagen, für Objekte wie Brunnen, Quellschalen oder Tröge, in denen Dichtung und Form zusammen entwickelt werden und eventuell ornamental durchgearbeitet und so prägender Teil der Konzeption sind, kommt eine Vielzahl von Materialien zur Anwendung. Regionale Gebräuche, lokal anstehende Rohmaterialien oder traditionelle Fertigungs- und Arbeitsweisen spiegeln sich in der Auswahl wider. Glas, Ter-

Abb. 53: Brunnenblock, mit dünnen Natursteinplatten verblendet

Abb. 54: Aus mehreren massiven Werksteinen zusammengesetzter Brunnen

rakotta oder Wachs > Abb. 56 können ebenso verwendet werden wie Aluminium, Eisenguss, Bronze, Blei und andere Metalle sowie Legierungen.

RANDGESTALTUNG

Die Gestaltung des Wasserrandes zählt zu den wesentlichen Elementen im Entwurf einer Wasseranlage. Sie verdeutlicht in der Auswahl und Durcharbeitung bis ins Detail die Schlüssigkeit des gesamten Entwurfes. Die Randgestaltung beeinflusst – versperrend durch Vegetation oder Mauern, einladend durch Stege, Trittsteine oder Stufen – die Nutzungsmöglichkeit und Erfahrbarkeit von Wasser. Sie prägt so, ob naturnah oder architektonisch, breit sichtbar oder filigran zurückhaltend, den gesamten Charakter eines Entwurfs.

Lage

Uferbereiche stellen mit dem Abschluss der Dichtungsschicht und dem Übergang von der Wasserfläche in die angrenzende Umgebung meist einen der empfindlichen Bereiche einer Anlage dar. Einerseits zieht Wasser den Betrachter an, will aus nächster Nähe „greifbar" erlebt werden,

■ **Tipp:** Natursteine unterliegen der natürlichen Verwitterung. Sie wird durch vorhandene Poren, feine Risse im Gestein, eindringendes Wasser, Frostsprengung und Spannungen aufgrund von Temperaturunterschieden beschleunigt und zerstört mittelfristig den Stein. Um dem vorzubeugen, sind in Verbindung mit Wasser nur Natursteine zu verwenden, deren Frostbeständigkeit und Wassertauglichkeit durch den Produzenten mit Hilfe anerkannter Prüfzeugnisse gewährleistet werden kann.

Abb. 55: Monolithischer Naturstein, von einem dünnen Wasserfilm überströmt

Abb. 56: Seltenes Beispiel eines Brunnens aus Wachs in einem temporären Garten

was einen erhöhten Nutzungsdruck an den Rändern bedingt und eine besonders gründliche gestalterische Durcharbeitung erfordert. Andererseits sind Ränder durch schwankende Wasserstände, Durchfeuchtung von Böden oder ständigen Wellengang einer anhaltenden Belastung ausgesetzt, der durch planerische Detailliebe und bauliche Präzision begegnet werden kann.

Ränder müssen durchgehend mindestens auf der Höhe des geplanten maximalen Wasserspiegels liegen, wie er durch Zu- und Abläufe vorgegeben wird, und formschlüssig in die Dichtungsschicht eingebunden werden. In ihrer Dimensionierung sind Schwankungen der Wasseroberfläche, etwa durch Verdunstung oder Benutzung, zu berücksichtigen.

Die meisten Materialien besitzen eine Kapillarwirkung. Dieser mit einem Kerzendocht vergleichbare Effekt ist abhängig von den inneren Porenstrukturen des Materials. Durch die Kapillarwirkung wird Wasser über die sichtbare Wasseroberfläche hinaus in den Böden angesaugt, was zu

Kapillarwirkung

■ **Tipp:** Um einem dauernden Wasserverlust und einer Vernässung der Randzonen vorzubeugen, kann durch so genannte Kapillarsperren in den Ufergestaltungen die Kapillarwirkung unterbrochen werden. Geeignet sind gebaute Einfassungen mit geringem Porenvolumen aus dichtem Naturstein oder Beton sowie labile Schüttungen aus grobem Kies und Kiessanden mit geringem Feinanteil, die ein großes Porenvolumen ausweisen.

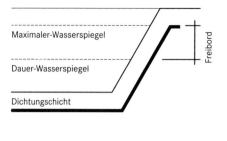

Abb. 57: Prinzip des Freibords

Verlusten im Becken, ständiger Vernässung der Randbereiche und je nach
■ Material zu verminderter Standfestigkeit der Ufer führt.

Freibord Um Schäden und Wasserverlusten vorzubeugen, wird bei der Gestaltung von Rändern meist ein Freibord vorgesehen, eine sichernde Fort-
führung der Randeinfassung mit Dichtung über den geplanten maximalen Wasserspiegel hinaus. > Abb. 57 Die Höhe des Freibordes hängt von
Größe und Eigendynamik des Gewässers, seiner Exposition und seiner
Nutzung ab. Bei kleinen Elementen wie Wasserschalen oder Vogelträn-
ken, bei denen bewegtes Wasser problemlos über die Ränder schwappen
kann, kann er vernachlässigt werden. Bei durchschnittlichen Teichen in
Parkanlagen ist von 20–40 cm Freibord auszugehen. Bei Maßnahmen an
natürlichen Gewässern kann der Freibord leicht auf über einen Meter erhöht werden.

Durch den Freibord erscheinen Randbereiche oft mächtiger, und er-
lebbares Wasser entfernt sich vom Betrachter. Der Wasserspiegel scheint
zu „tief" zu liegen und in den Gesamtproportionen zu klein zu sein. Mit Hilfe
geeigneter Bepflanzung und eines flacheren, jedoch kaum sichtbaren
Verziehens der Dichtungsschicht kann diesem Eindruck entgegengewirkt
werden. Stufen, die ins Wasser führen, können diesen technisch beding-
ten Höhensprung gestalterisch sogar überhöht inszenieren.

Ufer Ränder werden aus dem Material der Bodendichtung und durch Mischung von Elementen, Materialien und Techniken entwickelt, sofern dadurch eine durchgehende, formschlüssige wie dauerhafte Dichtung er-
zielt wird. > Abb. 58 Ränder sind durch bewegtes Wasser gefährdet, das zu
Ausspülungen und Erosion beitragen kann. Bei Einbauten (z. B. Stege)
oder an Stellen mit Materialwechsel können Bewegungsrisse entstehen
(z. B. durch das unterschiedliche Ausdehnungsverhalten bei Erwärmung
oder Vibrationen infolge von intensiver Benutzung).

Ränder können im einfachsten Falle durch ein langsames Verziehen
der Dichtung (beispielsweise Gussasphaltmastix oder Lehmdichtungen)
bis auf Freibordhöhe ausgebildet werden. Dabei sind die maximale Bö-

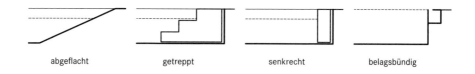

| abgeflacht | getreppt | senkrecht | belagsbündig |

Abb. 58: Varianten von Randausbildungen – flach ausgezogene Ufer, eingestellte Treppe, senkrechte Wand und belagsbündige Rinne

schungsneigung der verwendeten Materialien und deren meist geringere Standfestigkeit im durchfeuchteten Zustand zu beachten. Es entstehen verhältnismäßig breite Ufer mit ausgedehnten Flachwasserzonen. Bei Verwendung von standfesten Konstruktionen wie Mauern oder Steinpackungen sind dagegen steile Abschlüsse und somit schmale Ufer mit direkt angrenzenden größeren Wassertiefen zu erreichen.

Durch die Wahl der Materialien und des Verlaufs der Uferführung wird der Charakter einer Randzone zwischen frei, landschaftlich und regelmäßig architektonisch geprägt. > Tab. 3

Naturnah gestaltete Uferbereiche leben von einer bewegten und vielfältigen Uferlinie. Sie weisen meist ein abwechslungsreiches Wechselspiel von Wassertiefen, Uferbreiten, Materialien und Pflanzen auf. Dieses bewegte Erscheinungsbild ermöglicht eine hohe Flexibilität bei der Wahl der Dichtungsart > Kap. Technischer Rahmen, Abdichtungen und Fassungen sowie der gestalterischen Ausbildung der Randbereiche, der unauffälligen Integration eines Freibordes oder der Ausformung geeigneter Lebensbereiche von Uferpflanzen. > Abb. 59, 60 und Kap. Technischer Rahmen, Pflanzen

Naturnahe, landschaftliche Ränder

Harte, architektonische Ränder wie Ufermauern oder Brunnenschalen erfordern insbesondere bei belagsbündigen Wasserspiegeln eine genaue Planung und Realisierung, wenn der gewünschte Effekt sichtbar werden soll. Dafür werden Materialien mit geringeren Fertigungstoleranzen (z. B. bearbeiteter Naturstein oder Betonfertigteile), Elemente zur präzisen Wasserzu- und Wasserableitung (z. B. randseitige Rinnen) und unterstützende technische Mittel (z. B. Pumpenkreisläufe) verwendet. > Abb. 61 und 62

Bauliche, architektonische Ränder

WASSERZU- UND WASSERABFLUSS

Jedes System benötigt für den ständigen Wasserausgleich einen Zufluss, einen Abfluss sowie nach Möglichkeit zusätzlich einen Grundablass für eine vollständige Entleerung.

Zu- und Ablauf bilden den gestalterischen Auftakt und Schlussakkord einer Wasserinszenierung. Beide werden aus der Gesamtkonzeption heraus entwickelt, und beide müssen in ihrer hydraulischen Leistungsfähig-

Tab. 3: Übersicht Randbefestigungen

Materialien für freie, landschaftliche	Materialien für regelmäßige, architektonische Ränder
Rasen/Wiesen	Mauern
Sträucher/Stauden	Treppen
Kiese und Sande	Rinnen
Steinpackungen/Felsen	Gabionen
Weidenfaschinen	

keit auf das Gesamtsystem abgestimmt werden. Der Zu- und Ablauf kann sowohl druckfrei, durch freien Lauf oder auch unter Druck durch Pumpen und Hochbehälter erfolgen. Er kann sowohl vollständig verdeckt als auch deutlich sichtbar angeordnet werden. Für Wartungsarbeiten sollten Zu- wie Ablauf gut zugänglich sein und durch Siebe oder ähnliche Hilfsmittel gegen Verschmutzungen geschützt werden, die die Funktionsfähigkeit gefährden könnten.

Verdeckter Zu- und Abfluss

Unsichtbare Systeme werden mit einer in ein Pumpensystem integrierten Druck- und Saugleitung verdeckt unter der Wasseroberfläche angeordnet. Durch ein zusätzlich vor den Zulauf gesetztes Quellbecken kann die Strömungsgeschwindigkeit herabgesetzt werden, um sichtbare Verwirbelungen an der Wasseroberfläche zu lenken, reduzieren oder ganz zu vermeiden. > Abb. 63 Bei drucklosen Systemen ist ein verdeckter Zu- und Ablauf über randseitig angeordnete Schütten, Rinnen und Einläufe an der Wasseroberfläche möglich.

■ Sichtbare Zu- und Abläufe

Vielfältiger sind die Möglichkeiten sichtbarer und somit gestalterisch formbarer Zu- und Abläufe. Sie werden im einfachsten Fall aus dem Wasser heraus als reine Wasserfigur gestaltet, zum Beispiel als konstanter Sprudler oder pulsierender Geysir. Technische Bauwerke wie der Überlauf von Wehren, Schöpfwerke oder Pumpen mit einem an sich spröden technischen Charme können passend inszeniert und auf diese Weise eingebunden werden. Ein Beispiel hierfür ist das verlängerte Wasserrohr, > Abb. 64 das beispielsweise aus Gusseisen oder Bronze, verziert oder schlicht, gerade oder im Bogen den Wasserauslass bildet. Wasser kann

■ **Tipp:** Über die Art des Zulaufes kann die grafische Wirkung der Wasseroberfläche bestimmt werden. Tief unter der Wasseroberfläche liegende und über ein vorgeschaltetes Becken entspannte Zuleitungen erlauben klare, glatte Wasserspiegel, während niveaugleiche Rinnen mit einer nur eingeschränkt entspannten Zuleitung bandförmige Wellenlinien zeichnen und mittige Quellen kreisförmige Strukturen verursachen.

Abb. 59: Ufer mit Rasen bei geringer Strömung

**Abb. 60: Uferausbildung als flache Kiesbank mit einge-
streuten Trittstein-Felsen**

**Abb. 61: Strapazierfähiger Rand aus Ortbeton in
schwingender Form**

**Abb. 62: Detail eines belagsbündigen Spiegelbeckens
mit filigraner Stahleinfassung**

aus Bauwerken, naturnahen Felsen oder bearbeiteten Steinen, Schalen,
Schütten oder Gitterrosten entspringen, über sie hinwegströmen oder in
ihnen verschwinden. Und schließlich können Quellen auch gefasst und
gestalterisch überhöht werden: durch plastische Formen, künstlerisch-
skulptural betonte Elemente, allegorische Figuren, Märchenfiguren oder
Brunnenheilige, die Wasser versprühen, verspritzen, verschütten und wieder auffangen. > Abb. 65, 66 und 67

    Der für Wartungsarbeiten und zur winterlichen Entleerung > Kap. Tech-   Grundablass
nischer Rahmen, Winterschutz empfehlenswerte Grundablass wird als einfaches
technisches Element unscheinbar, aber leicht bedienbar entwickelt. In
der Regel handelt es sich dabei um einen durch einen Schieber ver-
schließbaren Ablauf an der tiefsten Stelle, eine Lenzpumpe, die auch Teil

Abb. 63: Ruhige Wasseroberfläche mit kaum sichtbarem Zulauf im Beckenboden

Abb. 64: Verziertes Brunnenrohr

Abb. 65: Quellschütte aus gebranntem Ton

Abb. 66: Schutzgitter über einem Teichüberlauf in Form eines Blattes

○ der gesamten Pumpenanlage sein kann, oder bei kleineren Anlagen um ein schlichtes Standrohr, das als Überlauf dient und zur Entleerung vollständig herausgenommen werden kann.

BEWEGUNGEN

Wasser wird in seinem wahrnehmbaren Charakter stark durch die Art und Weise seiner Bewegung geprägt. Anlagen mit bewegtem Wasser lassen sich durch die drei Bewegungsarten fließend, fallend und aufsteigend unterscheiden.

Fließendes Wasser   Wasserlauf-Anlagen wie Bäche oder Gerinne spielen mit dem Lauf des Wassers im freien Gefälle von einer höheren in eine tiefere Lage. Sie können als einfache Rinnen, als eine Abfolge von Becken oder in Kombinationen jeweils naturnah oder artifiziell, linear oder geschlängelt aus-

Abb. 67: Auslauf inmitten eines Wasserspiegels

Abb. 68: Bewegte Wasseroberfläche in einer plastisch ausgearbeiteten Wasserrinne

geformt werden. Rinnen benötigen einen ständigen Zulauf und fallen bei Unterbrechung leer, so dass es sinnvoll sein kann, durch dezent eingebaute Sperren und Senken im Gerinne Wasser zurückzuhalten, um es auch während einer Betriebsruhe erlebbar zu machen.

Der für Wasserlauf-Anlagen erforderliche Wasserbedarf bemisst sich aus der Größe des Abflussquerschnittes, dem Gefälle, der Rauigkeit des Gerinnes und somit aus der Strömungsgeschwindigkeit. Bei gleichbleibendem Gefälle verlangsamen Aufweitungen im Profil die Strömung, Verengungen beschleunigen. > Abb. 68 Grafisch wirksame Wellenbilder und Verwirbelungen aus der Wasseroberfläche werden vom Verlauf des Gerinnes und der damit verbundenen Häufigkeit von Richtungswechseln, der Strömungsgeschwindigkeit, vorhandenen Schwellen und Brüchen sowie der Oberflächenstruktur eines Profils beeinflusst. > Abb. 69

Wasserfall-Anlagen arbeiten mit frei herabstürzenden Wassermassen. Das Wasser wird vor einer Staukante gesammelt, verlangsamt und zurückgehalten, fließt dann über sie hinweg und fällt ab der Abrisskante frei in die Tiefe.

■ Fallendes Wasser

○ **Hinweis:** In Verbindung mit den Zu- und Abläufen können ruhigere Wasserbewegungen und technisch einfachere Lösungen meist noch drucklos im freien Lauf des Wassers entwickelt werden. Lebendige, quirlige Darstellungen dagegen benötigen einen befördernden Wasserdruck und damit eine aufwendige Technik.

■ **Tipp:** Endet ein stark bewegter Wasserlauf in einem stehenden Gewässer, so wirkt die Bewegung in der Oberfläche noch weit im Gewässer fort. Um den ruhigen Charakter des stehenden Gewässers nicht zu stören, kann kurz hinter dem Einfluss ein sogenannter Beruhigungsstein in den Wasserlauf eingestellt werden, an dem sich die optisch wahrnehmbare Bewegung der Oberfläche bricht und zum Stillstand kommt.

Abb. 69: Ein Wehr bildet Verwirbelungen und unter-
schiedliche Geschwindigkeiten.

Abb. 70: Wasserfilm, der zunehmend zerfällt

Die Klarheit, Konstanz und Ruhe eines fallenden Wasserschleiers wird durch die Präzision von Stau- und Abrisskanten, die Strömungsgeschwindigkeit sowie die Wassermenge bestimmt. > Abb. 70 Je ruhiger, klarer und durchgehender ein Wasserschleier sein soll, umso präziser sind Staukanten und Abrisskanten in Oberfläche, Abwicklung und horizontalem Einbau durchzuarbeiten und mit einem konstanten Wasserdurchfluss exakt abzustimmen. Naturnahe, „wilde" Wasserfälle leben dagegen von einem bewegten, unruhigen Schleier und zerstäubender Wassergischt. Sie verfügen über unregelmäßige Abrisskanten, wechselnde Strömungen und zur Störung eingebrachte Prallsteine. Da die tatsächliche optische Wirkung von fallendem Wasser, vor allem von unregelmäßigen Anlagen, nur eingeschränkt planbar ist, muss sie während des Baus durch Probeläufe optimiert werden.

Wasserfälle und insbesondere solche mit präzisen Wasserschleiern reagieren empfindlich auf Beifracht im Wasser. Schon geringe Verschmutzungen wie Laubfall genügen, um den Wasserfilm reißen und unregelmäßig fallen zu lassen. Durch gute Standortwahl, vorgeschaltete Rechen und Filter kann dem vorgebeugt und das überströmende Wasser klar und frei von Verunreinigungen gehalten werden.

■ **Aufsteigendes Wasser** Fontänenanlagen bestehen aus aufsteigenden Wasserstrahlen unterschiedlicher Höhe und Stärke, die einzeln oder in Gruppen, konstant oder rhythmisch in Höhe und Bewegung arrangiert werden können. Ihre individuelle Form erhalten sie durch die spezifische Kombination, den

56

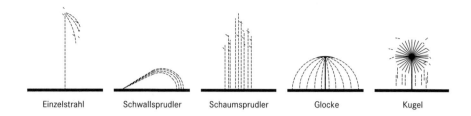

| Einzelstrahl | Schwallsprudler | Schaumsprudler | Glocke | Kugel |

Abb. 71: Varianten von Wasserspielen

Wasserdruck und die Ausformung von Springbrunnendüsen und Fontänenaufsätzen. > Abb. 71

Einzelstrahldüsen > Abb. 72 erzeugen einen klaren, windstabilen Vollstrahl, der eine Höhe von bis zu 14 m erreicht und an die 15° aus der Vertikalen geneigt werden kann. Als Mehrstrahlendüsen in Bündeln zusammengefasst, lassen sich auseinander- und ineinanderfallende Strahlenfiguren gestalten. Auf eine drehbare Unterlage montiert, erzeugen sie durch Rückstoß rotierende, schraubenförmige Wasserbilder. Wassersparende Hohlstrahldüsen werden für hohe Fontänen verwendet, die bis zu 80 m hoch aufsteigen können. Mit Wasserfilmdüsen bilden sich geschlossene, jedoch windempfindliche Wasserschleier wie beispielsweise Wasserglocken. Schwalldüsen speien einen weitgehend geschlossenen, fächerförmigen Wasserschwall in einer Neigung von etwa 30° aus, der ein einprägsames, sattes Wasserbild erzeugt. Fächerdüsen bilden einen senkrecht oder schräg aufsteigenden, lebendigen und bizarr gerissenen Wasserschleier. Wird über die Düsen Luft beigemengt, entstehen kontrastreiche, lebendige, sprudelnde oder schäumende Wasserbilder mit kräftigem Körper, die weitgehend windstabil sind. > Abb. 81 Schwe-

■ **Tipp:** Bei geringem Wasserdurchfluss verhindert oft die Adhäsionskraft einen klaren Abriss und sogar den Übergang in den freien Fall. Das Wasser bleibt an der Schütte „kleben", wandert auf der Unterseite zurück oder fällt in zerrissenen Wasserfäden nach unten. Durch eine durchgängig auf der Unterseite direkt nach der Abrisskante ausgebildete Tropfnase, beispielsweise eine eingefräste Kerbe im Stein, kann dies vermieden werden.

○ **Hinweis:** Bei der Brunnengestaltung ist eine ausreichende Beckengröße vorzusehen, damit auch bei Winddrift das Wasser wieder aufgefangen werden kann. Dabei kann ein Verhältnis von Strahlhöhe zu Beckenbreite von 1/2, bei stärkeren Windlasten auch von 1/3 zu Grunde gelegt werden. Dies kann in beengten Situationen zu Konflikten mit den benachbarten Nutzungen führen. Durch die richtige Positionierung, aber auch durch automatische, an Windmesser gekoppelte Steuerungen, kann dem vorgebeugt werden.

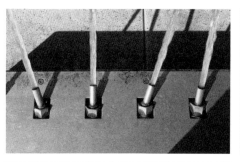

Abb. 72: Klarstrahldüsen

Abb. 73: Wasserspielplatz mit temporären Nebelbänken

bende Wasserfiguren werden erst durch ausgeklügelte Schaltungen und
○ schnelle Druckventile zum „Tanzen" gebracht.

    Nebelbrunnen in Freianlagen sind Sonderformen von Fontänenanlagen, die Wasser unter hohem Druck sehr fein zerstäuben. Der feine Nebel senkt die Temperaturen und erzeugt im Sommer angenehme Frische. Es entstehen in ständigem Wandel windempfindliche und flüchtige Bilder von spielerischem Reiz und wechselnder Transparenz. Die Anlagen sind mit ihren feinen Düsen empfindlich für Verschmutzung und kalkhaltiges Wasser, verlieren je nach Windlage deutlich Wasser und benötigen so ständigen Wasserzufluss. > Abb. 73

PUMPEN UND TECHNIK

    Die Bewegung von Wasser erfolgt durch den Ausgleich von Höhen- oder Druckunterschieden, die durch Pumpen, Rohrsysteme und Speicher künstlich erzeugt werden können.

Pumpenarten   Pumpen werden als Tauchpumpen platzsparend innerhalb des Wasserkörpers in der Mitte des Beckens oder geschützt in einer seitlichen Wasserkammer platziert. Auf Plattformen verankert, können sie oberflächennah inmitten von Seen schwimmen und werden für die Gestaltung von größeren Fontänenanlagen verwendet.

    Als Trockenpumpen stehen sie außerhalb des Wasserkörpers in einer separaten Pumpenkammer und sind durch Leitungen mit einem zugeordneten Wasserspeicher verbunden. Trockenpumpen sind konstruktiv aufwendiger und somit teurer im Bau, können aber ohne Eingriff in den Brunnenkörper leichter und somit kostengünstiger gewartet werden. Sie werden bevorzugt für größere und öffentliche Anlagen verwendet. > Abb. 74

Anordnung   Pumpen sind durch Gitter und Einhausungen zur Vermeidung von Unfällen und durch Siebe und Schlammfänge vor Verschmutzung zu schützen. Die Steuerung erfolgt meist automatisch über Schwimm- und Magnetschalter und Computerprogramme.

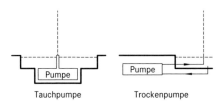

Abb. 74: Prinzip von Tauch- und Trockenpumpe

Die Auswahl der Pumpen richtet sich nach Art und Umfang der Gesamtanlage und der geplanten Bewegung und Wassermenge. Bei kleineren, einfacheren Anlagen kann auf die vielfältigen Angebote vorgefertigter Lösungen zurückgegriffen werden. Pumpen beeinflussen erheblich die Betriebskosten, so dass es sich empfiehlt, in der Konzeptfindung Fachingenieure und Hersteller mit einzubeziehen. ○ ●

BELEUCHTUNG

Mit Einbruch der Dunkelheit verliert Wasser bald seine optische Anziehungskraft und verwandelt sich schnell in eine dunkle, undurchdringbare Fläche. Durch eine auf den Entwurf abgestimmte Beleuchtungskonzeption kann auch in der Nacht Wasser wiederbelebt und durch geeignete Leuchtmittel funkelnd inszeniert werden.

Fällt Licht von außen auf die Wasseroberfläche, ergibt sich eine sanfte Spiegelung auf der ansonsten dunklen Oberfläche. Die Intensität des Widerscheins hängt von der Helligkeit der Quelle, dem emittierten Farbspektrum und der Bewegung auf der Wasseroberfläche ab. Sie steigt

Außen liegende Lichtquellen

○ **Hinweis:** Bei Wasserfall- wie Wasserlauf-Anlagen ohne innere Wasserrückhaltung sammelt sich bei Pumpenstillstand das gesamte, sich ansonsten in Bewegung befindliche Wasser im abschließenden untersten Bereich. Die erforderlichen Volumen können in sichtbaren Becken oder Teichen untergebracht werden, was dort jedoch zu deutlichen Wasserschwankungen führt und eine entsprechende Dimensionierung und Uferausbildung erfordert. Verdeckte, unterirdische Sammel- und Ausgleichsbehälter reduzieren die sichtbaren Auswirkungen und werden aus gestalterischen Gründen meist bevorzugt.

● **Beispiel:** Historische Anlagen wie beispielsweise die Wasserspiele im Landschaftspark von Kassel-Wilhelmshöhe verwenden für die große Wasserkunst häufig Hochbehälter, die mit geringer, aber konstant anhaltender Pumpenkraft gefüllt und dann zeitlich begrenzt in der Form eines Wasserspiels entleert werden. Wasserspiele sind bei dieser Technik auf vorgegebene Intervalle begrenzt und keine dauerhafte Erscheinung. Für moderne Anlagen werden objektbezogene Pumpensysteme verwendet, die einen flexibel regelbaren und vor allem dauerhaften Betrieb ermöglichen.

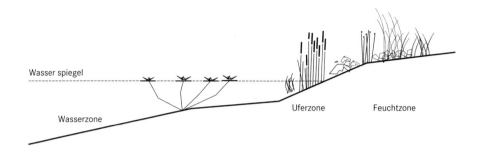

Abb. 75: Zonierung der Ufervegetation

mit der Leuchtkraft der Quelle, der Nähe des Leuchtpunktes zum Wasser und der Bewegung in der Wasseroberfläche. Farben können durch die Lichtquelle mit eingebracht werden, wirken aber in der Reflexion meist blasser und farbloser.

Innen liegende Lichtquellen Intensivere Leuchtkraft entsteht durch innen liegende Lichtquellen. Sie können im Beckenrand, im Boden oder dicht an Fontänen angeordnet liegen. Abhängig von der Leuchtkraft des Leuchtmittels, der Entfernung zu den umgebenden Einbauten und der Transparenz des Wassers gelingt es, über Reflexion an den Beckenwänden den gesamten Wasserkörper zum Leuchten zu bringen. Eine bewegte Wasseroberfläche über einem leuchtenden Wasserkörper erzeugt durch unterschiedliche Brechungswinkel ein vielfältig strukturiertes Muster, das seine Licht- und Schattenspiele bis in die direkte Umgebung wirft.

Für die innere Beleuchtung werden nur besonders gesicherte Unterwasserleuchten oder Kaltlichtleuchten verwendet, die das Licht eines außerhalb liegenden Projektors über Glasfaser ins Wasser leiten. Das Farbspektrum des wahrgenommenen Lichtes lässt sich mit einem Farbaufsatz beeinflussen.

PFLANZEN

Die Seerosen im Garten von Monet, eine malerische Weide am Teich, der rauschende Schilfgürtel vor dem Badestrand – fast immer sind Bilder von Wasser eng mit Pflanzen verbunden. Selbst architektonische Konzeptionen verzichten auf ihre Geradlinigkeit und umspielen präzise Formen mit den weichen Linien und Bewegungen der Pflanzen.

Über das Jahr hinweg wandeln sich Höhe, Dichte, Farbe und Blattstruktur. Während die Gehölze in größeren Räumen wie Parkanlagen oder in der gestalteten Landschaft ihren prägenden Charme entwickeln kön-

Abb. 76: Weiden stehen in allen Kulturkreisen zeichen-
haft für Wasser und Uferzonen.

Abb. 77: Seerosen in versenkten Körben inmitten eines
geometrischen Wasserspiegels

nen, sind es in kleineren Räumen vorrangig Stauden, die das individuelle
Bild einer Pflanzung kennzeichnen.

Pflanzen gedeihen dauerhaft nur an einem Standort, der ihren indi- Standortwahl
viduellen Ansprüchen entspricht. Diese Lebensbereiche sind durch spezifische Standortansprüche einer Pflanzenart an Licht, Boden oder
Wasserversorgung bestimmt. Gehölze wie Weiden oder Erlen sind meist
toleranter als Stauden, die oft sehr sensibel auf Änderungen und Schwankungen der Standortbedingungen reagieren.

Durch den jeweils idealen Abstand zum Wasser lassen sich die Lebensbereiche der Pflanzen unterschiedlichen Zonen zuordnen. > Abb. 75
Die Feuchtzone liegt noch außerhalb des Wassers. Die Kapillarwirkung
bewirkt eine dauerhafte Durchfeuchtung des Bodens, gelegentliche Über-
schwemmungen sind möglich. Die Feuchtzone ist der Standort von
Frische liebenden Prachtstauden bis hin zu Sumpfpflanzen, die eine dauerhafte Vernässung vertragen. Uferpflanzen wachsen in dauerhaft über-
schwemmten Randzonen, artenabhängig bis zu einer Tiefe von ca. 60 cm.
Tiefere Standorte werden von Schwimmblattpflanzen, die noch im Boden
wurzeln, deren Blätter jedoch an der Oberfläche schwimmen, von frei
schwimmenden Wasserpflanzen und abgetauchten Unterwasserpflanzen
besiedelt.

Pflanzen reagieren oft empfindlich auf Wasserbewegungen. Dies
kann je nach Dynamik die Artenauswahl stark einschränken. Halme von
Röhricht werden durch stärkeren Wellenschlag abgeknickt und Unterwasserpflanzen von der Strömung mitgerissen. Wasser, das sich beispielsweise durch die Gischt von Wasserspielen in Tropfen auf Blätter
legt, kann Sonnenstrahlen bündeln, als Brennglas wirken und so zu un-
ansehnlichen Verbrennungen der Pflanzen führen.

Am passenden Standort mit guter Nährstoff- und Wasserversorgung entwickeln Wasserpflanzen eine erstaunliche Vitalität und Wuchskraft, was schon nach kurzen Standzeiten das geplante Bild verändert. Arten werden verdrängt, Wasserflächen wachsen vollständig zu. Nur bei ausreichender Größe der Gesamtanlage im Verhältnis zur bepflanzten Fläche, bei ausgewogener Pflanzenauswahl, nährstoffarmem Pflanzsubstrat, der Pflanzung in begrenzende Körbe und regelmäßiger Pflege kann mittelfristig ein stabiles Bild der Pflanzung erreicht werden. > Abb. 77

Die richtige Auswahl und Kombination von Pflanzen erfordert Zurückhaltung in Vielfalt und Dichte, große Sorgfalt und lange Erfahrung, wenn ■ ○ reizvolle, stabile und lesbare Strukturen erreicht werden sollen.

WASSERQUALITÄT

Auch wenn es zunehmend ästhetisch anspruchsvolle Beispiele gibt, bei denen Verunreinigung, Wandel und Transformation thematisch im Mittelpunkt stehen, sind es doch immer noch vorrangig Bilder mit klarem, frischem und ungetrübtem Wasser, die das angestrebte Ideal darstellen. Trübungen, Algenteppiche oder gar umgekippte und übel riechende Wasserflächen verweisen nicht nur auf ein gestörtes biologisches Gleichgewicht, sondern unterschwellig auch auf ein Scheitern des Entwurfes. > Abb. 78

Voraussetzung für klares Wasser ist ein biologisches Gleichgewicht. Es stellt sich nur ein, wenn Stoffproduzenten und Stoffzehrer, Pflanzen, Tiere und Mikroorganismen in einem ausgewogenen Verhältnis zueinander stehen. Dies wird durch leichte Beschattung der Wasserfläche, Bewegung des Wassers mit Sauerstoffeintrag, einen größeren wie tieferen und somit kühleren Wasserkörper, reduzierte Nutzungen und geringen Tierbesatz gefördert.

Geschlossene Systeme benötigen für das Erreichen eines biologischen Gleichgewichtes immer auch einen konstanten Austausch mit Frischwasser oder eine permanente Reinigung, die durch die natürliche Selbstreinigungskraft und durch künstliche, also mechanische oder chemische Maßnahmen vollzogen werden kann.

■ **Tipp:** Die biologischen Faktoren bestimmen das natürliche Vorkommen der Pflanzen im Kontext mit Wasser. Dies prägt unsere visuelle Erfahrung, sodass Pflanzen, die häufig zusammen mit Wasser anzutreffen sind – wie Weiden oder Schilf – schon für sich Wasser symbolisieren. Dies kann als Entwurfselement bewusst eingesetzt werden (siehe Abb. 76).

○ **Hinweis:** Die Tabellen 1–3 im Anhang bieten für die Verwendung von Arten im Zusammenhang mit Wasser eine erste Orientierung. Weitere Informationen und Entwurfsansätze finden sich in *Basics Entwurfselement Pflanze* von Regine Ellen Wöhrle und Hans-Jörg Wöhrle, erschienen im Birkhäuser Verlag, Basel 2008, sowie zu Pflanzen und Lebensbereichen in Richard Hansen, Friedrich Stahl: *Die Stauden und ihre Lebensbereiche*, Stuttgart 1990.

Abb. 78: Ein dichter Algenteppich bedeckt die gesamte Wasserfläche.

Natürliche Reinigung

Größere, naturnahe Anlagen, die ein ausgewogenes Verhältnis zwischen offener Wasserfläche und reinigungsfähigen Randzonen besitzen (z. B. Schwimmteiche), nutzen fast ausschließlich die natürliche Reinigung. Dabei wird das Wasser innerhalb eines bepflanzten Bodenkörpers, der mit Schilfrohr und zum Teil mit Rohrkolben, Binsen oder Seggen besetzt ist, gereinigt. Die Pflanzenwurzeln dienen als Lebensraum für Mikroorganismen, die eingebrachte Nähr- und Schadstoffe abbauen, Sauerstoff ins Wasser einbringen und zur Reinigung des Wassers beitragen.

Mischformen, die die natürliche Reinigungskraft durch mechanische Umwälzung des Wassers und Einbindung von erweiterten Sandfiltern im Uferbereich unterstützen, sind insbesondere in stärker belasteten Anlagen wie öffentlich genutzten Schwimmteichen sinnvoll.

Künstliche Reinigung

Eine künstliche Reinigung simuliert die natürlichen Vorgänge, konzentriert auf kleinem Raum. In einer ersten mechanisch-hydraulischen Stufe werden durch Rechen grobe Verunreinigungen abgefischt und feine Schwebstoffe durch Skimmer, Siebe und Kristall-Quarzsand-Filter aufgefangen. In der nachfolgenden chemischen Stufe wird der pH-Wert des Wassers durch Säure oder Laugenzugabe mit Hilfe eines automatischen pH-Regulators im neutralen Bereich gehalten. Für annähernde Keimfreiheit sorgen keimtötende Produkte wie Chlor, dessen Einsatz im Freiraum allerdings oft zu hinterfragen ist, oder Mittel auf Wasserstoffperoxyd- oder Silberoxydbasis.

Abb. 79: Eine sichernde Gitterrostebene unter der Wasseroberfläche

Die vollständige technische Aufbereitung wird vor allem bei architektonischen, pflanzenfreien Anlagen gewählt, die mit Ausnahme des Frischwassers kein Reinigungspotenzial besitzen. Eine besonders intensive Nutzung wie bei bespielbaren Wasseranlagen kann eine hygienisch hochwertige Aufbereitung erfordern.

SICHERHEIT

Wasser ist seit jeher nicht nur Faszination, sondern auch Bedrohung. So sind beim Wasser als Gestaltungselement die Sicherheitsanforderungen infolge von immer wieder vorkommenden Unfällen überdurchschnittlich hoch. Gefahr geht dabei von der Wassertiefe, vom unbeabsichtigten oder unkontrollierten Betreten und von den technischen Installationen im Wasser wie Pumpen oder ansaugenden Rohren aus.

Vorsorge

Nachträglich geforderte Schutzmaßnahmen sind entwurflich meist unbefriedigend zu integrieren. Es ist sinnvoll, sich mit dem Thema Sicherheit bereits in der Entwurfsphase auseinanderzusetzen und im Konzept ausreichend zu berücksichtigen. Dabei liegt das Augenmerk vorrangig auf folgenden Punkten:

—   Kontrollierter Zugang zum Wasser: Verschlossene und zugängliche Uferabschnitte müssen für den Benutzer erkennbar gestaltet werden. Zugängliche Ufer müssen durch flache Rampen, Stufen, Trittsteine oder Handläufe einen sicheren Zugang zum Wasser ermöglichen.

— Angemessene Wassertiefe: Insbesondere im zugänglichen Uferbereich ist auf eine gesicherte, geringe Wassertiefe zu achten, um spielende Kinder nicht zu gefährden. Eine sichere, geringe Tritttiefe kann bei größeren Wassertiefen auch durch einen unter der Wasseroberfläche eingezogenen Gitterrost erreicht werden. > Abb. 79

— Geeignete Rettungswege aus dem Wasser: Bei einem Unfall sollte ein leichtes Entkommen ohne fremde Hilfe möglich sein. Dies ist durch flache Ufer mit einer Neigung von 1/3 und flacher sowie durch Treppen oder Leitern möglich.

— Geschützte Technik: Technische Bauteile wie Ansaugstellen oder Tauchpumpen sind gegen unvorhergesehene Nutzungen beispielsweise durch Gitter zu schützen.

WINTERSCHUTZ

Die kalte Jahreszeit, in der Wasser gefriert und in Form von Schnee und Eis einen besonderen ästhetischen Aspekt entwickelt, umfasst je nach Region fast die Hälfte des Jahres. Bedingt durch die Anomalie des Wassers, sich in gefrorenem Zustand um bis zu 10 Volumenprozent auszudehnen, stellen Temperaturen unter dem Gefrierpunkt eine Gefährdung der technischen Bestandteile einer Wasseranlage dar. Allein aus Schutzgründen werden die meisten Anlagen zu Beginn des Winters entleert und stillgelegt. Während dieser Zeit wirken sie, im Gegensatz zu dauerhaft bespannten Anlagen, unansehnlich, verlassen und trist. Gute Entwürfe betrachten daher immer die Erscheinung der Anlage über das ganze Jahr, berücksichtigen gestalterisch und technisch Stillstand wie Winteraspekte und entwickeln daraufhin geeignete gestalterische Antworten.

Stehendes Wasser friert schneller als bewegtes. Durch Heizung des Wassers und der Becken oder durch chemische Zusatzstoffe kann das Gefrieren des Wassers verhindert oder zumindest zeitlich verzögert werden. Aufgrund der erheblichen Kosten bei Bau und Unterhalt einerseits und der ökologischen Beeinträchtigungen andererseits ist das jedoch nur bedingt sinnvoll. | Technische Verzögerungen

Frostgefährdete Anlagen werden in der Regel mit Beginn der Frostperiode stillgelegt und vollständig entleert. Während dieser Zeit ist ständig ein offener Abfluss vorzuhalten, um Niederschlags-, Sicker- und Kondenswasser, das zu Frostschäden führen kann, sichernd abzuleiten. | Entleerte Anlagen

Einfache Konstruktionen können im Leerstand ungeschützt überwintern. Wertvolle Bauten, wie Brunnen mit empfindlichen Skulpturen und plastischem Schmuck, werden durch Einhausung, meist in Form einer dichten Verschalung aus Holz, besonders geschützt.

Anlagen mit trockenheitsempfindlichen Dichtungen wie Lehm oder Ton oder einem dichten Pflanzen- und Tierbesatz bleiben auch während des Winters befüllt. Um hier Schäden zu vermeiden, muss in den Rand- | Bespannte Anlagen zonen ausreichend Raum für die Ausdehnung des Eises vorgesehen werden, und vorhandene geschlossene und bespannte Rohrleitungen müssen frostfrei verlegt werden. Wie tief der Frost in den Boden eindringt, hängt vom örtlichen Klima ab. Meist kann von einer maximalen Frosttiefe von ca. 0,8 bis 1,2 m ausgegangen werden.

Wasserpflanzen benötigen bei einer standortgerechten Auswahl keinen besonderen Winterschutz. Für das Überwintern von Wassertieren ist jedoch eine ausreichende frostfreie Wassermenge notwendig, um unter einer Eisdecke genügend Lebensraum vorzufinden.

Den Abschluss der Winterperiode bildet eine intensive Reinigung, bei der die schützende Einhausung abgebaut, Laub, Schlamm und Unrat entfernt und üppige Pflanzen zurückgenommen werden. Vor Wiederinbetriebnahme wird die Anlage auf mögliche Schäden untersucht und die Technik gewartet.

WIRTSCHAFTLICHKEIT

Von den drei Gestaltungselementen der Landschaftsarchitektur – Pflanze, Topografie und Wasser – ist es wohl das Wasser, das sich in den Kosten langfristig am deutlichsten niederschlägt. Dabei sind es weniger die einmaligen Herstellungskosten, die sich hier bemerkbar machen. Künstliche Wasseranlagen mittlerer Größe und einfacher Ausführung bewegen sich mit den Herstellungskosten ungefähr auf dem Niveau von befestigten Flächen. Selbst aufwendigere Wasserspiele sind aufgrund ihrer meist relativ kompakten Größe im Bau finanziell noch überschaubar.

Es sind vielmehr die Kosten der dauerhaft wiederkehrenden Pflege-, Unterhalts- und Wartungsarbeiten, die Wasser als Entwurfselement mittelfristig finanziell aufwendig machen. So können gute Entwürfe vor der Realisierung an der Finanzierbarkeit scheitern, oder technisch einwandfrei errichtete Anlagen können allein aufgrund der fehlenden finanziellen Unterhaltsmittel wieder stillgelegt werden.

Nachhaltige Entwürfe versuchen daher schon in der Konzeptfindung durch Optimierung der Wirtschaftlichkeit einen dauerhaft tragfähigen Ansatz herauszuarbeiten. Dies ist konzeptionell durch optimale Nutzung und Inszenierung des Vorhandenen, strukturell durch einen geringeren technischen Standard sowie durch konsequente Durcharbeitung im Detail zu erreichen.

Konzeptionell bieten Lösungen, die verstärkt aus dem Ort und dem Vorhandenen heraus entwickelt werden, das Potenzial, Synergien zu nutzen und Kosten zu optimieren. Beispielsweise können verborgene Bäche wiederentdeckt und geöffnet sowie vorhandene Becken neu genutzt werden. Regenwasser kann statt verdeckt in die Vorflut spielerisch inszeniert über offene Rinnen, in Zisternen und Teiche geleitet werden. > Abb. 80

Anlagen können durch größere Toleranz im Entwurf und Rücknahme der Standards einfacher realisiert und unterhalten werden. Dies ermöglicht die Kosten senkende Integration von natürlichen Prozessen, bei-

Abb. 80: Wasserbecken zur Regenwassersammlung mit Aufenthaltsqualität

Abb. 81: Wasserblock vor dem Louvre

spielsweise bei naturnahen Schwimmteichen, die an Stelle aufwendiger technischer Anlagen bei klassischen Schwimmbädern auf die innere Selbstreinigungskraft setzen.

●
Konstruktive
Optimierung

Es empfiehlt sich, in der Durcharbeitung im Detail einer strapazierfähigen Lösung den Vorrang vor einer scheinbar kostengünstigeren Konstruktion zu geben, wenn damit der spätere Reparaturbedarf verringert werden kann. Die Möglichkeiten, Pflege und Unterhalt zu vereinfachen und zu reduzieren, sind immer auszuschöpfen, auch durch Vermeidung von übermäßigem Laubeintrag, durch bequeme Zugänglichkeit für Wartung und Unterhalt oder durch den Abgleich mit anderen Anlagen eines Betreibers, um Synergien im Betrieb und das Vorhalten von Ersatzteilen nutzen zu können.

○

● **Beispiel:** In Großenhain wurde 2002 das bisher technisch betriebene Freibad durch ein Naturbad ersetzt. 2000 m² Regenerationsfläche stehen ca. 3000 m² Schwimmteich gegenüber, die an Spitzentagen von bis zu 1.800 Besuchern genutzt werden. Durch die Naturbadvariante gelang es, die Betriebskosten um ca. 40 % unter denen eines herkömmlichen Bades zu halten (siehe Landesgartenschau Großenhain 2002 GmbH (Hrsg.): Das Naturbaderlebnis, Großenhain 2002).

○ **Hinweis:** Richtwerte für die Wahl der Konstruktion und Dichtung können nur eingeschränkt übernommen werden, da je nach Größe, technischen Anforderungen oder möglichen Synergien sich unterschiedliche Gesamtkosten in der Abwägung ergeben können. Zur groben Orientierung können für den Bau von Tondichtungen 55 €/m², Foliendichtungen 35 €/m², Asphalt 35 €/m², Ortbeton 80 €/m² und Stahl 600 €/m² angesetzt werden. Kostenbeispiele im Gesamtzusammenhang finden sich auch in BKI: Objektdaten, Stuttgart 2005.

Bei künstlichen Anlagen ist insbesondere auf Folgendes zu achten:

— Die Tiefe des Wasserbeckens muss so gering wie möglich sein, um Kosten für Befüllung und Ersatz zu minimieren.
— Pumpen müssen individuell auf die anstehenden Aufgaben ausgelegt werden, um Energie und Wasserverbrauch zu optimieren.
— Wasserspiele dürfen nicht ungünstig in Windschneisen platziert werden, um überdurchschnittliche Wasserverluste durch Winddrift zu vermeiden.
— Durch konsequenten Winterschutz müssen Schäden an der technischen Installation auszuschließen sein.

Bei naturnahen Anlagen ist Folgendes zu berücksichtigen:

— Der Wasserkörper sollte möglichst groß sein, um eine rasche Erwärmung zu vermeiden.
— Pflanzen sollten nur in Körben eingebracht werden, damit sie nicht wuchern.
— Auf das Einsetzen von Fischen sollte verzichtet werden, da dies durch den Nährstoffeintrag Algenwachstum fördert.

Schlusswort

Wasser stellt insbesondere für das Entwerfen von Freiräumen ein wichtiges, nahezu unverzichtbares Element dar. Durch seine Zeichenhaftigkeit, seine Lebendigkeit, seine außergewöhnliche emotionale Belegung und die ihm immanente Vielfältigkeit bietet es die Chance, für jeden Ort eine angemessene und unverwechselbare Gesamtlösung zu entwickeln. Entwerfen mit Wasser zwingt zum Schauen auf das, was ist – wie es natürlich funktioniert, wie es gefühlt wirkt und wie es emotional bewegt. Der Umgang mit Wasser erfordert eine tief greifende Reflexion im Gesamtkontext, das Eingehen auf die Einzigartigkeit des Ortes, Materialsorgfalt und handwerkliche Güte als Basis für das Gelingen des Entwurfes.

Wasser ist Freiheit. Innerhalb der physikalischen Vorgaben bietet es fast unbegrenzten Raum für Kreativität. Es fordert Neugierde und Experimentierfreudigkeit, bietet dafür aber lang anhaltenden Reiz und überrascht immer wieder mit Neuem. In diesem Sinne will dieser Text als Einstieg dienen – als Anreiz zum Sehen, als Aufforderung zu eigenen Versuchen und als Ermutigung zum Ausloten von selten begangenen Wegen.

Anhang

NORMEN UND RICHTLINIEN

Deutsche Normen

DIN 1045	Beton- und Stahlbeton
DIN 18195	Bauwerkabdichtungen
DIN 18196	Erd- und Grundbau – Bodenklassifizierung für bautechnische Zwecke
DIN 18300	Erdbau
DIN 18314	Spritzbeton
DIN 18316	Verkehrswegebauarbeiten
DIN 18331	Beton- und Stahlbetonarbeiten
DIN 18336	Abdichtungsarbeiten
DIN 18338	Dachdeckungs- und Dachabdichtungsarbeiten
DIN 18354	Gussasphaltarbeiten
DIN 18500	Betonwerkstein – Begriffe, Anforderungen, Prüfung, Überwachung
DIN 18551	Spritzbeton – Herstellung und Güteüberwachung
DIN 19643	Aufbereitung und Desinfektion von Schwimm- und Badebeckenwasser
DIN 1988	Frischwassereinspeisung
DIN EN 206	Beton – Eigenschaften, Herstellung, Verarbeitung und Gütenachweis

Schweizer Normen

V118/271	Allgemeine Bedingungen für Abdichtungen von Hochbauten – Vertragsbedingungen zur Norm SIA 271:2007
SIA 318	Garten- und Landschaftsbau
273.001 SN EN 12970: 2000	Gussasphalt und Asphaltmastix für Abdichtungen – Definitionen, Anforderungen und Prüfverfahren
SIA 162/6: 19999	Stahlfaserbeton
SIA 177.013 SN EN 771-3: 2003	Festlegungen für Mauersteine – Teil 3: Mauersteine aus Beton (mit dichten und porigen Zuschlägen)
SIA 179: 1998	Befestigungen in Beton und Mauerwerk
SIA 3008: 2003	Produkte- und Prüfnormen für Beton – das Wichtigste für den Bau-Alltag
SIA 263: 2003	Stahlbau
SIA 264: 2003	Stahl-Beton-Verbundbau
SIA 2022: 2003	Oberflächenschutz von Stahlkonstruktionen
SIA 3006: 2001	Stahlbau-Atlas
SIA 118: 1995 SN 670 903-5	Ökologie und Nachhaltigkeit
SIA 385	Wasseraufbereitung in Gemeinschaftsbädern

Österreichische Normen

ÖNORM B 2209-1: 2002 07 01 - Norm	Abdichtungsarbeiten - Werkvertragsnorm - Teil 1: Bauwerke
ÖNORM B 2209-2: 2002 07 01 - Norm	Abdichtungsarbeiten - Werkvertragsnorm - Teil 2: Genutzte Dächer
ÖNORM B 7209: 2002 07 01 - Norm	Abdichtungsarbeiten für Bauwerke - Verfahrensnorm
ÖNORM B 3585: 2006 12 01 - Norm	Asphaltmischgut - Mischgutanforderungen - Gussasphalt - Regeln zur Umsetzung der ÖNORM EN 13108-6
ÖNORM EN 12970: 2000 12 01 - Norm	Gussasphalt und Asphaltmastix für Abdichtungen - Definitionen, Anforderungen und Prüfverfahren
ÖNORM EN 13108-6: 2006 08 01 - Norm	Asphaltmischgut - Mischgutanforderungen - Teil 6: Gussasphalt
ÖNORM B 2211: 1998 04 01 - Norm	Beton-, Stahlbeton- und Spannbetonarbeiten - Werkvertragsnorm
ÖNORM B 2253: 2004 12 01 - Norm	Mechanisches Bearbeiten von Beton und Mauerwerk - Bohr- und Schneidearbeiten - Werkvertragsnorm
ÖNORM B 3303: 2002 09 01 - Norm	Betonprüfung
ÖNORM B 4704: 2004 03 01 - Norm	Betonbauwerke - Grundlagen der Ausführung
ÖNORM B 3308: 2004 01 01 - Norm	Produktionskontrolle der werksmäßigen Herstellung von Fertigteilen aus Beton, Stahlbeton und Spannbeton gemäß ÖNORM B 4705
ÖNORM EN 14487-1: 2006 05 01 - Norm	Spritzbeton - Teil 1: Begriffe, Festlegungen und Konformität
ÖNORM EN 14487-2: 2007 01 01 - Norm	Spritzbeton - Teil 2: Ausführung
ÖNORM B 4400: 1978 11 01 - Norm	Erd- und Grundbau; Bodenklassifikation für bautechnische Zwecke und Methoden zum Erkennen von Bodengruppen
ÖNORM EN 12794: 2007 10 01 - Norm	Betonfertigteile - Gründungspfähle
ÖNORM B 4435-1: 2003 07 01 - Norm	Erd- und Grundbau - Flächengründungen - Teil 1: Berechnung der Tragfähigkeit bei einfachen Verhältnissen
ÖNORM B 4434: 1993 01 01 - Norm	Erd- und Grundbau - Erddruckberechnung

Merkblätter

DBV-Merkblätter, Deutscher Betonverein e.V. (DBV), Wiesbaden

EAAW 83/96, Empfehlungen für die Ausführung von Asphaltarbeiten im Wasserbau, Deutsche Gesellschaft für Erd- und Grundbau (DGEG), jetzt: Deutsche Gesellschaft für Geotechnik (DGGT), Essen

Empfehlungen für öffentliche Schwimm- und Badeteichanlagen, Herausgeber: FLL, Bad Honnef 2003

Empfehlungen für Planung, Bau und Instandsetzung von privaten Schwimm- und Badeteichen, Herausgeber: FLL, Bad Honnef 2006

Güterichtlinien des Industrieverbandes Kunststoffbahnen e.V. (IVK), Frankfurt/M.

Herstellerrichtlinie Nr. 1.122 des Bundesverbandes Schwimmbad-, Sauna- und Wassertechnik e.V. (BSSW), Frankfurt/Main, Arbeitskreis „Polyesterbecken"

Regeln für Dächer mit Abdichtungen (Flachdachrichtlinien), Zentralverband des Deutschen Dachdeckerhandwerkes (ZVDH), Köln

Richtlinien des Bundesverbandes Schwimmbad-, Sauna- und Wassertechnik e.V. (BSSW), Frankfurt/Main

Richtlinien für die Standardisierung des Oberbaus von Verkehrsflächen – RStO 01, Herausgeber: Forschungsgesellschaft für Straßen- und Verkehrswesen, Arbeitsgruppe „Fahrzeug und Fahrbahn"; FGSV-Verlag, Köln

Schwimmbecken aus Stahlbeton und Stahlbetonfertigteilen, Deutsche Gesellschaft für Badewesen e.V. im Bundesverband öffentliche Bäder e.V. (BOEB), Essen

Zusätzliche Technische Vertragsbedingungen und Richtlinien für den Bau von Fahrbahndecken aus Asphalt – ZTV Asphalt-StB 01, Herausgeber: Forschungsgesellschaft für Straßen- und Verkehrswesen, Arbeitsgruppe „Asphaltstraßen"; FGSV-Verlag, Köln

WASSERPFLANZEN

Die folgenden Tabellen sollen eine Übersicht über geeignete Wasserpflanzen geben und können für eine erste Orientierung zur Bepflanzung
dienen.

Tab. 1: Auswahl Stauden für Feuchtzonen

Art	Deutscher Name	Standort	Höhe	Blütezeit	Blütenfarbe
Ajuga reptans	Kriechender Günsel	Halbschatten	10–20 cm	IV–V	Blau
Caltha palustris	Sumpfdotterblume	Sonne bis Halbschatten	30 cm	III–IV	Goldgelb
Cardamine pratensis	Wiesenschaumkraut	Halbschatten bis Schatten	30 cm	IV–VI	Lila/Rosa
Carex elata „Bowles Golden"	Steifsegge	Sonne bis Halbschatten	60 cm	VI	Braun
Carex grayi	Morgensternsegge	Sonne bis Schatten	30–60 cm	VII–VIII	Grün-Braun
Darmera peltata	Schildblatt	Sonne bis Halbschatten	80 cm	IV–V	Rosa
Eupatorium-Arten	Wasserdost	Sonne bis Schatten	80–200 cm	VII–VIII	Rosa/ Rot
Filipendula ulmaria	Mädesüß	Sonne bis Halbschatten	120 cm	VI–VIII	Creme
Frittilaria meleagris	Schachbrettblume	Halbschatten	20–30 cm	IV–V	Violett
Geum rivale	Bachnelkenwurz	Sonne bis Halbschatten	30 cm	IV–V	Gelb-Braun
Gunnera tinctoria	Mammutblatt	Sonne	150 cm	IX	Rötlich
Hemerocallis-Wildarten	Taglilien	Sonne-Halbschatten	40–90 cm	V–VIII	Gelb-Orange
Iris sibirica	Wieseniris	Sonne bis Halbschatten	40–90 cm	V–VI	Violett
Leucojum vernum	Märzenbecher	Halbschatten bis Sonne	20–40 cm	II–IV	Weiß
Ligularia-Arten und -Hybriden	Greiskraut	Sonne bis Halbschatten	80–200 cm	VI–IX	Gelb-Orange
Lysimachia clethroides	Schnee-Felberich	Sonne bis Halbschatten	70–100 cm	VII–VIII	Weiß
Lythrum salicaria	Blutweiderich	Sonne bis Halbschatten	80–140 cm	VII–IX	Violett
Myosotis palustris	Sumpf-Vergißmeinnicht	Sonne bis Halbschatten	30 cm	V–IX	Blau
Primula-Arten und -Hybriden	Primeln	Halbschatten bis Schatten	40–60 cm	II–VIII	Weiß/Gelb/ Rosa-Rot/ Orange/ Lila-violett
Tradescantia-Andersoniana-Hybriden	Dreimasterblume	Sonne	40–60 cm	VI–VIII	Blau-Violett/ Weiß/ Karmin
Trollius europaeus/ Trollius-Hybriden	Trollblume	Sonne bis Halbschatten	40–70 cm	IV–VI	Gelb–Orange
Veronica longifolia	Kerzen-Ehrenpreis	Sonne	50–120 cm	VII–VIII	Blau

Tab. 2: Auswahl Stauden für Uferzonen

Art	Deutscher Name	Standort	Wasser-tiefe	Höhe	Blütezeit	Blüten-farbe
Acorus calamus	Kalmus	Sonne bis Halbschatten	0-30 cm	Bis 120 cm	V-VI	Gelb
Alisma plantago-aquatica	Froschlöffel	Sonne bis Halbschatten	5-30 cm	40-80 cm	VI-VIII	Weiß
Butomus umbellatus	Blumenbinse	Sonne bis Halbschatten	10-40 cm	100 cm	VI- VIII	Rosa
Calla palustris	Sumpfcalla	Sonne bis Halbschatten	0-15 cm	Bis 40 cm	V-VII	Weiß-Gelblich
Caltha palustris	Sumpfdotterblume	Sonne bis Schatten	0-30 cm	Bis 30 cm	IV-VI	Gelb
Carex pseudocyperus	Zypergrassegge	Sonne	0-20 cm	80 cm	VI-VII	–
Equisetum fluviatale	Teichschachtelhalm	Sonne bis Halbschatten	0-5 cm	20-150 cm	–	–
Hippuris vulgaris	Tannenwedel	Sonne bis Halbschatten	10-40 cm	40 cm	V-VIII	Grünlich
Iris pseudocorus	Wasser-Schwertlilie	Sonne bis Schatten	0-30 cm	60-80 cm	V-VIII	Gelb
Phragmites australis „Variegatus"	Schilfrohr (gelb gestreifte Sorte)	Sonne	0-20 cm	120-150 cm	VII-IX	Braunrot
Pontederia cordata	Hechtkraut	Schatten bis Halbschatten	0-30 cm	50-60 cm	VI- VIII	Blau
Sagittaria sagittifolia	Pfeilkraut	Sonne	10-40 cm	30-60 cm	VI- VIII	Weiß
Scirpus lacustris	Seesimse	Sonne bis Halbschatten	10-60 cm	Bis 120 cm	VII-VIII	Braun
Sparganium erectum	Igelkolben	Sonne bis Halbschatten	0-30 cm	100 cm	VII-VIII	Grünlich
Typha angustifolia	Schmalblättriger Rohrkolben	Sonne	0-50 cm	150-200 cm	VII-VIII	Rot-braune Kolben
Typha minima	Kleiner Rohrkolben	Sonne	0-40 cm	50-60 cm	VI-VII	Braune Kolben
Veronica beccabunga	Bachbunge	Sonne bis Halbschatten	0-20 cm	40-60 cm	V-IX	Blau

Tab.3: Auswahl Wasserpflanzen

Art	Deutscher Name	Standort	Höhe	Blütezeit	Blütenfarbe
Callitriche palustris	Wasserstern	Sonne bis Halbschatten	10–30 cm	–	–
Ceratophyllum demersum	Hornkraut	Sonne bis Halbschatten	30–100 cm	Sommer	Unscheinbar
Elodea canadensis	Wasserpest	Sonne	20–100 cm	–	–
Hydrocharis morsus-ranae	Froschbiss	Sonne bis Halbschatten	Ab 20 cm	VI–VIII	Weiß
Myriophyllum verticillatum	Quirliges Tausendblatt	Sonne bis Halbschatten	30 cm	VI–VIII	Rosa
Lemna minor	Entengrütze	Sonne	Ab 20 cm	–	–
Lemna trisulca	Wasserlinse	Sonne	Ab 20 cm	–	–
Nuphar lutea	Mummel, Teichrose	Sonne bis Schatten	40–100 cm	VI–VIII	Gelb
Nymphaea alba	Weiße Seerose	Sonne	60–100 cm	V–VIII	Weiß
Nymphaea-Hybriden, z. B. „Anna Epple", „Charles de Meurville", „Marliacea Albida", "Maurica Laydeker"	Seerosen-Hybriden	Sonne	40–60 cm	VI–IX	Rosa/ Weinrot/ Reinweiß/ Purpur
Nymphaea odorata "Rosennymphe"	Seerose	Sonne	40–60 cm	VI–IX	Rosa
Nymphaea tuberosa „Pöstlingberg"	Seerose	Sonne	60–80 cm	VI–IX	Weiß
Nymphoides peltata	Seekanne	Sonne bis Halbschatten	40–50 cm	VII–VIII	Gelb
Potamogeton natans	Schwimmendes Laichkraut	Sonne bis Halbschatten	40–100 cm	VI–IX	Weiß
Ranunculus aquatilis	Wasserhahnenfuß	Sonne	30 cm	VI–VIII	Weiß
Stratiotes aloides	Krebsschere	Sonne bis Halbschatten	30–100 cm	VI–VIII	Weiß
Trapa natans	Wassernuss	Sonne	40–120 cm	VI–VII	Hellblau
Utricularia vulgaris	Wasserschlauch	Sonne bis Halbschatten	20–40 cm	VII–VIII	Gelb

LITERATUR

Alfred Baetzner: *Natursteinarbeiten,* Ulmer Verlag, Stuttgart 1991

Alejandro Bahamón: *Water Features,* Loft Publications, Barcelona 2006

Ursula Barth, Nik Barlo jr.: *Traumhaft schöne Wassergärten,* Callwey Verlag, München 2005

Harm-Eckart Beier, Alfred Niesel, Heiner Petzold: *Lehr-Taschenbuch für den Garten-, Landschafts-, und Sportplatzbau,* 6., neu bearbeitete und erweiterte Auflage, Ulmer Verlag, Stuttgart 2003

David Bennert: *Beton,* Birkhäuser Verlag, Basel 2001

Bert Bielefeld, Sebastian El khouli: *Basics Entwurfsidee*, Birkhäuser Verlag, Basel 2011

BKI: *Objektdaten. Gesamtausgabe Freianlagen – Kosten abgerechneter Objekte,* Müller Verlag, Stuttgart 2004-2005

Hartmut Böhme: *Die Kulturgeschichte des Wassers*, Suhrkamp Verlag, Frankfurt am Main 1987

Dieter Boeminghaus: *Wasser im Stadtbild*, Callwey Verlag, München 1980

Ulrike Brandi, Christoph Brandi-Geissmar: *Das Lichtbuch*, Birkhäuser Verlag, Basel 2001

Hans Bretschneider (Hrsg.): *Taschenbuch der Wasserwirtschaft*, Parey Verlag, Hamburg, Berlin 2002

Francis Ching: *Die Kunst der Architekturgestaltung*, Bauverlag, Wiesbaden 1986

Paul Cooper: *The New Tech Garden*, Octopus, London 2001

Herbert Dreiseitl, Dieter Grau, Karl Ludwig: *Waterscapes*, Birkhäuser Verlag, Basel 2009

Siegfried Dyck (Hrsg.): *Angewandte Hydrologie*, Ernst Verlag, Berlin 1976

Edition Topos (Hrsg.): *Wasser, Gestalten mit Wasser, Von Uferpromenaden zu Wasserspielen*, Callwey Verlag, Birkhäuser Verlag, München, Basel 2003

Wolfgang Geiger, Herbert Dreiseitl: *Neue Wege für das Regenwasser*, Oldenburg, München 2005

Renata Giovanardi: *Carlo Scarpa e l'aqua*, Cicero Verlag, Venedig 2006

Harri Günther: *Peter Joseph Lenné*, Verlag für Bauwesen, Berlin 1985

Peter Hagen: *Wasser im Garten*, Ulmer Verlag, Stuttgart 2003

Richard Hansen, Friedrich Stahl: *Die Stauden und ihre Lebensbereiche*, Ulmer Verlag, Stuttgart 1990

Wolfram Hiese, Hans Backe: *Baustoffkunde*, Werner Verlag, Düsseldorf 1997

Peter Himmelhuber: *Das Wassergarten-Baubuch*, Callwey Verlag, München 2004

Christian Cay Lorenz Hirschfeld: *Theorie der Gartenkunst*, 5 Bände, Weidmanns Erben u. Reich, Leipzig, 1779-1785 (Nachdruck Olms 1990)

Heidi Howcroft, Christa Brandt, Nik Barlo jr.: *Brunnen*, Callwey Verlag, München 2001

Teiji Itoh: *Die Gärten Japans*, DuMont Buchverlag, Köln 1984

Gisela Keil, Jürgen Becker: *Faszination Wasser im Garten*, DVA, München 2005

Joachim Kessler: *Garten-, Landschafts- und Sportplatzbau*, Ulmer Verlag, Stuttgart 1992

Ruth Kohle: *Miniatur-Wassergärten*, Ulmer Verlag, Stuttgart 2001

Landesgartenschau Großenhain 2002 GmbH (Hrsg.): *Das Naturbadererlebnis*, Gräserverlag, Großenhain 2002

Hans Loidl, Stefan Bernhard: *Freiräume*, Birkhäuser Verlag, Basel 2014

Gilly Love: *Wasser im Garten*, Callwey Verlag, München 2002

Günter Mader: *Freiraumplanung*, DVA, München 2004

Mehdi Mahabadi: *Konstruktionsdetails im Garten- und Landschaftsbau*, Bauverlag, Wiesbaden 1996

Mehdi Mahabadi, Ines Rohlfing: *Schwimm- und Badeteichanlagen*, Ulmer Verlag, Stuttgart 2005

Bernhard Maidl: *Handbuch für Spritzbeton*, Ernst Verlag für Architektur und technische Wissenschaften, Berlin 1992

Ulrich Maniak: *Hydrologie und Wasserwissenschaft*, 5. Auflage, Springer Verlag, Berlin 2005

Eduard Neuenschwander: *Schöne Schwimmteiche*, Ulmer Verlag, Stuttgart 1993

Ernst Neufert: *Bauentwurfslehre*, Vieweg Verlag, Braunschweig, Wiesbaden 2000

Alfred Niesel: *Bauen mit Grün. Die Bau- und Vegetationstechnik des Landschafts- und Sportplatzbaus*, Ulmer Verlag, Stuttgart 2002

OASE Fountain Technologie 2007/08, http://www.oase-livingwater.com

Georg Plumptre: *Wassergärten*, DVA, Stuttgart 1995

Hermann Pückler-Muskau: *Andeutungen über Landschaftsgärtnerei*, DVA, Stuttgart 1977

Friedrich Ludwig von Sckell: *Beiträge zur bildenden Gartenkunst für angehende Gartenkünstler und Gartenliebhaber*, Wernersche Verlagsgesellschaft, Worms 1998

Topos 59 – Water, Design and Management, Callwey Verlag, München 2007

Verein Deutscher Zementwerke e.V., Forschungsinstitut der Zementindustrie: *Zementtaschenbuch des VDZ* (Fassung 2002)

Karl Wachter, Herbert Bollerhey, Theo Germann: *Der Wassergarten*, Ulmer Verlag, Stuttgart 2005

Udo Weilacher: *Syntax der Landschaft*, Birkhäuser Verlag, Basel 2007

Udo Weilacher, Peter Wullschleger: *Landschaftsarchitekturführer Schweiz*, Birkhäuser Verlag, Basel 2002

Stephen Woodhams: *Modern Gardens. Zeitgenössische Architektur und Gärten*, August Wild, München 2000

BILDNACHWEIS

Alle Zeichnungen sowie Auftaktbild Einleitung (Latonabrunnen in Versailles, LeNotre), 2, 3 (Bundesplatz in Bern, Staufenegger + Stutz), 6, 7, 8 (Stadtpark in Weingarten, lohrer.hochrein mit Bürhaus), 10 (Landschaftspark in Basedow, Peter Joseph Lenné), 11 (Park Vaux le Vicomte in Meaux, LeNotre), 12 (Brunnen in Winterthur, Schneider-Hoppe/Judd), 13, 14 (Japanischer Garten in Berlin Marzahn, Shunmyo Masuno), 15 (Zeche Zollverein in Essen, Planergruppe Oberhausen), 16 (Garten Villa Lante in Viterbo, da Vignola), 18 (LGS-Park in Bad Oeynhausen, agence ter), 19 (Bertel Thorvaldsens Plads in Kopenhagen, Larsen/Capetillo), 20 (Brunnen im Park Schloss Schlitz, Schott), 21 (Landschaftspark Duisburg Nord, Latz und Partner), 22 (LGS-Park in Bad Oynhausen, agence ter), 23 (Kloster Volkenroda, gmp), 24 Oberbaum City in Berlin, Lange), 25 (Trinkbrunnen „Fuente", Battle + Roig), 26, 27 (Allerpark in Wolfsburg, Kiefer), 28 (Botanischer Garten in Bordeaux, Mosbach), 29, 30 (Freibad in Biberstein, Schweingruber Zulauf), 31 (Stadtpark in Burghausen, Rehwald), 32 (Stadtgarten in Weingarten, lohrer.hochrein mit Bürhaus), 33, 34 (Paley Park in New York, Zion & Breen), 35 (Orientalischer Garten in Berlin, Louafi), 36, 37, 38 rechts (Mosaik in Saint-Paul de Vence, Braque), 39 (Villa d'Este in Tivoli, Ligori und Galvani), 43, 44, 45 (Friedhof in Küttigen, Schweingruber Zulauf), 46 (Uferpromenade in Kreuzlingen, Bürgi), 47, 48 (Brunnen in Dyck, rmp), 49 (Brunnen in Bregenz, Rotzler Krebs Partner), 50 (Brunnen in Valdendas), 51, 52 (Garten in Hestercombe, Jekyll), 54, 55 (Sundspromenaden in Malmö, Andersen), 56 (Garten der Gewalt in Murten, Vogt), 59, 60 (Brückenpark in Müngsten, Atelier Loidl), 61 (Ankarparken in Malmö, Andersson), 62, 64, 65 (Brunnen in Saint-Paul-de-Vence, Miro), 66 (Stadtgarten in Erfurt, Kinast, Vogt, Partner), 67, 68 (Garten Villa Lante in Viterbo, da Vignola), 69, 70, 72, 73 (Parc de la Villette in Paris, Tschumi), 76 (Chinesischer Garten in Berlin, Pekinger Institut für klassische Gartenarchitektur), 77 (Freiflächen am Max-Bill-Platz in Zürich, asp), 78, 79, 80 (Inre Strak in Malmö, 13.3 landskapsarkitekter), 81 (Louvre in Paris, Pei): lohrer.hochrein Landschaftsarchitekten

Abbildung 40 (Elbauenpark Magdeburg, Ernst. Heckel. Lohrer mit Schwarz und Manke), 53, 63 (Rubenowplatz in Greifswald, lohrer. hochrein): Hans Wulf Kunze

DER AUTOR

Axel Lohrer, Dipl.-Ing. (FH), praktizierender Landschaftsarchitekt und Partner des Landschaftsarchitekturbüros Lohrer.Hochrein Landschaftsarchitekten in München und Magdeburg.

Reihenherausgeber: Bert Bielefeld
Konzeption: Bert Bielefeld, Annette Gref
Lektorat und Projektkoordination: Annette Gref
Layout und Covergestaltung: Andreas Hidber
Satz und Produktion: Heike Strempel

Papier: MultiOffset, 120 g/m²
Druck: Beltz Grafische Betriebe GmbH

Library of Congress Control Number:
2019937156

Bibliografische Information der Deutschen
Nationalbibliothek
Die Deutsche Nationalbibliothek verzeichnet
diese Publikation in der Deutschen National-
bibliografie; detaillierte bibliografische Daten
sind im Internet über http://dnb.dnb.de
abrufbar.

ISBN 978-3-0356-2010-8
e-ISBN (PDF) 978-3-0356-1308-7
e-ISBN (EPUB) 978-3-0356-1261-5
Englisch Print-ISBN 978-3-7643-8662-7

© 2019 Birkhäuser Verlag GmbH, Basel
Postfach 44, 4009 Basel, Schweiz
Ein Unternehmen der Walter de Gruyter GmbH,
Berlin/Boston

9 8 7 6 5 4 3 2 1

www.birkhauser.com